GOLDENE KINDERTAGE

Lieder, Gedichte
und Erzählungen
aus alter Zeit

Ausgewählt und zusammengestellt
von Almut Gaugler für Jan Paul

ISBN 3 8094 1769 6

Umschlaggestaltung: Atelier Versen
Noten und Vignetten: Fritz Blankenhorn
Layout Burkhard Brehm
Satz: Typobauer Filmsatz GmbH, Scharnhausen
Reproduktionen: Friedrich Beck, Stuttgart
Druck und Bindung: Těšínská tiskárna a.s., Český Těšín

Printed in the Czech Republic

817 2635 4453 6271

INHALT

Zum Eingang.
Ihr die ihr nicht wollt Kinder sein,
Geht nicht in meinen Garten ein! -
Ihr seht ja nicht der Blumen Licht,
Ihr hört der Vögel Lieder nicht,
Ihr athmet nicht der Lilie Duft,
Seht nicht Glühwürmlein in der Luft.
Ihr Kleinen aber kommt herein,
Ihr sollt mir gern willkommen sein.
F. v. Pocci

VON DER HENNE UND VOM HAHN

Die Henne fröhlich gagagackt
und macht ein groß Geschrei;
die Bäurin weiß schon, was sie sagt,
und geht und holt das Ei.

Der Hahn weckt früh die Leute auf:
den Herrn, den Knecht, die Magd;
die tun sich erst recht strecken noch,
und schnarchen, bis es tagt.

Die Kinder hören nichts vom Hahn,
die schlafen allzu fest,
und denken sich: Das Schlafen ist
halt doch das allerbest.

So schlaft denn aus die Müdigkeit
und steht dann fröhlich auf! –
Ein jedes Ding hat seine Zeit
in unsrem Lebenslauf.

Franz Graf von Pocci

STEHT AUF, IHR LIEBEN KINDERLEIN!

Steht auf, ihr lieben Kinderlein!
Der Morgenstern mit hellem Schein
läßt frei sich sehen als ein Held
und leuchtet durch die ganze Welt.

Sei uns willkommen, lieber Tag,
vor dir die Nacht nicht bleiben mag.
Leucht uns in unsere Herzen fein
mit deinem himmelischen Schein.

Erasmus Alberus

WACHT AUF!

Es ruft der Hahn: »Wacht auf, wacht auf!
Bald geht die liebe Sonne auf;
und trifft ein Kind sie schlafend an,
da hat sie keine Freude dran.
Doch sprang ein Kind schon aus dem Bett,
hat sich gewaschen flink und nett,
das liebt sie recht aus Herzensgrund
und macht es kräftig und gesund
und gibt ihm vieles, was ihm frommt.
Wacht auf, wacht auf! Die Sonne kommt!«

Robert Reinick

MORGENGEBET

Wie fröhlich bin ich aufgewacht,
wie hab ich geschlafen so sanft die Nacht!
Hab Dank im Himmel, du Vater mein,
daß du hast wollen bei mir sein!
Behüte mich auch diesen Tag,
daß mir kein Leid geschehen mag!

DIE WILDEN BEINCHEN

Guten Morgen, ihr Beinchen!
Wie heißt ihr denn?
Ich heiße Hampel,
ich heiße Strampel;
und das ist Füßchen Übermut,
und das ist Füßchen Tunichtgut.

Übermut und Tunichtgut
gehen auf die Reise,
platsch, durch alle Sümpfe,
naß sind Schuh und Strümpfe;
guckt die Rute um die Eck –
laufen sie alle beide weg.

Paula Dehmel

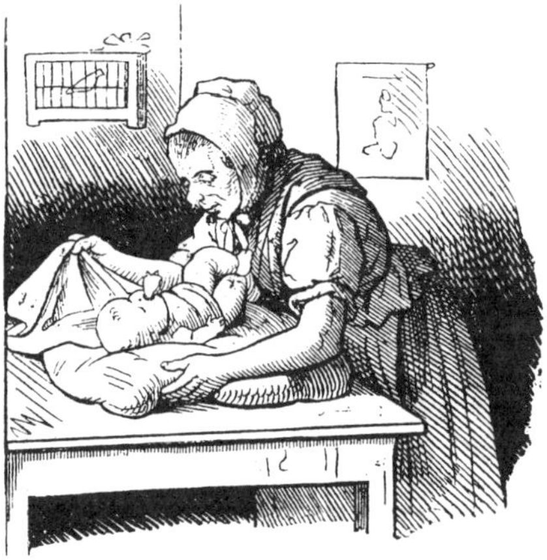

HUSCH, INS RÖCKCHEN!

Husch, ins Röckchen!
Kraus die Löckchen,
glatt die Zöpfchen,
schmuck das Köpfchen,
und frisch ans Rädchen. –
Guten Morgen, du liebes Mädchen!

Oscar Pletsch

BRUDER JAKOB

Bruder Jakob, schläfst du noch?
Es läutet in die Schule.
Bim, bam, bum!
Bim, bam, bum!
Bist ein träger Junge doch,
sitzt auf dem letzten Stuhle.
Schämst dich nicht,
fauler Wicht?

Schlaf dir nur die Wangen rot,
laß dir was Süßes träumen
vom Niklau
und Wauwau!
Wurst und Obst und Zuckerbrot
wächst für dich auf den Bäumen.
Gute Nacht!
Gute Nacht!

BEIM HAARFLECHTEN

Mein Schätzchen! Halt nur still den Kopf,
so flecht ich dir den blonden Zopf,
und schling ein rotes Band hinein
und Veilchen blau und Rosmarein!

Halt still, mein Schätzchen, wie ein Lamm!
Dann setz ich drauf den goldnen Kamm
und ringsherum den Rosenkranz,
und dann erst sind wir fertig ganz.

A. Lenz

AMMENUHR

Der Mond, der scheint,
das Kindlein weint,
die Glock schlägt zwölf,
daß Gott doch allen Kranken helf!

Gott alles weiß,
das Mäuslein beißt,
die Glock schlägt ein,
der Traum spielt auf den Kissen dein.

Das Nönnchen läut
zur Mettenzeit,
die Glock schlägt zwei,
sie gehn ins Chor in einer Reih.

Der Wind, der weht,
der Hahn, der kräht,
die Glock schlägt drei,
der Fuhrmann hebt sich von der Streu.

Der Gaul, der scharrt,
die Stalltür knarrt,
die Glock schlägt vier,
der Kutscher siebt den Haber schier.

Die Schwalbe lacht,
die Sonn erwacht,
die Glock schlägt fünf,
der Wandrer macht sich auf die Strümpf.

Das Huhn gagackt,
die Ente quackt,
die Glock schlägt sechs,
steh auf, steh auf, du faule Hex.

Zum Bäcker lauf,
ein Wecklein kauf,
die Glock schlägt sieben,
die Milch tu an das Feuer schieben.

Tut Butter 'nein
und Zucker fein,
die Glock schlägt acht,
geschwind dem Kind die Supp gebracht.

Aus »Des Knaben Wunderhorn«

DIE SONNENSTRAHLEN

Die Sonne war aufgegangen und stand mit ihrer schönen glänzenden Scheibe am Himmel, da schickte sie ihre Strahlen aus, um die Schläfer in dem ganzen Lande zu wecken. So kam ein Strahl zur Lerche. Sie schlüpfte aus ihrem Neste, flog in die Luft hinauf und sang: Lirilirili, schön ist's in der Früh. Der zweite Strahl kam zu dem Häschen und weckte es auf. Das rieb sich die Augen nicht lange, sondern sprang aus dem Walde in die Wiese und suchte sich zartes Gras und saftige Kräuter zu seinem Frühstück. Und ein dritter Strahl kam an das Hühnerhaus. Da rief der Hahn: Kikeriki, und die Hühner flogen von ihrer Stange herab und gackerten in dem Hofe, suchten sich Futter und legten Eier in das Nest. Und ein vierter Strahl kam an den Taubenschlag zu den Täubchen. Die riefen: Rukediku, die Tür ist noch zu. Und als die Tür aufgemacht war, da flogen sie alle in das Feld und liefen über den Erbsenacker und lasen sich die runden Körner auf. Und ein fünfter Strahl kam zu dem Bienchen. Das kroch aus seinem Bienenkorb hervor und wischte sich die Flügel ab und summte dann über die Blumen und den blühenden Baum hin und trug den Honig nach Hause. Da kam der letzte Strahl an das Bette des Faulenzers und wollte ihn wecken. Allein der stand nicht auf, sondern legte sich auf die andere Seite und schnarchte, während die andern arbeiteten.

Wilhelm Curtman

GUTEN MORGEN, HERR LÖFFELGARDIST

Guten Morgen, Herr Löffelgardist,
wir grüßen Euer Gnaden!
Ziehn Sie in den Kartoffelkrieg,
oder gegen Zuckerfladen?
Hoffentlich geruhn Euer Gnaden
uns ergebenst einzuladen?

Oscar Pletsch

Rüben, Rüben, Rüben!
Die haben mich vertrieben,
hätt meine Mutter Fleisch gekocht,
wär ich daheim geblieben.

Bum bam beier,
die Katz mag keine Eier.
Was mag sie dann?
Speck aus der Pfann!
Ei, wie lecker ist unsre Madam!

WEINSÜPPCHEN

Anne Margrittchen!
Was willst du, mein Liebchen?
Ich trinke so gerne
gezückerten Wein.

Zwei Pfund Zuckerchen,
ein Pfund Butterchen,
zwei Maße Wein,
so muß es gut sein.

Schütt es in ein Kesselchen,
rühr es mit dem Löffelchen,
Anne Margrittchen,
welch Süpplein ist das?

Eine Weinsupp! Eine Weinsupp!

Aus »Des Knaben Wunderhorn«

Wer zu Tische geht,
sprech ein Tischgebet.
Wer sich früher setzt,
wird nicht ganz geletzt.
Wer's vergessen hat,
wird gewiß nicht satt.

GEBET BEIM ESSEN

Jedem Tier gibst du zu essen,
jede Blume trinkt von dir,
hast auch uns niemals vergessen,
lieber Gott, wir danken dir.

TISCHGEBETE

Komm, Herr Jesus,
sei du unser Gast
und segne uns
und was du uns bescheret hast.

Alle guten Gaben,
alles, was wir haben,
kommt, o Gott, von dir,
Dank sei dir dafür.

WENN DIE KINDER IHRE HEISSE SUPPE RÜHREN

Lirum larum Löffelstiel,
alte Weiber essen viel,
junge müssen fasten,
Brot liegt im Kasten,
Messer liegt daneben,
ei, was ein lustig Leben!

Aus »Des Knaben Wunderhorn«

»NEIN, NEIN, ICH MAG NICHT!«

»Nein, nein, ich mag nicht!«
Aber du mußt!
»Aber ich mag nicht!«
Aber du mußt!

Ei, was wird der Doktor sagen?
Wird dich beim Papa verklagen,
und das Fieber, das ist schlimm.
Nimm es, Hänschen, nimm es, nimm!

Oscar Pletsch

»KIND, KANNST DU WASCHEN?«

»Kind, kannst du waschen?«
Mütterchen, ich kann's!
Töpfchen, zerbrich nicht!
Tellerchen, bleib ganz!

»Zerbrichst du das Töpfchen,
zupf ich dein Zöpfchen,
rupf ich deine Federchen,
kleine liebe Gans!«

Oscar Pletsch

DAS ARME KIND

Mein Kindchen, kommt ein armes Kind
und fleht dich an um Brot,
gib von dem deinen ihm geschwind,
und lindre seine Not!

HÄNSEL UND GRETEL

Hänsel und Gretel verliefen sich im Wald.
Es war so finster und auch so bitter kalt.
Sie kamen an ein Häuschen von Pfefferkuchen fein.
Wer mag der Herr wohl in diesem Häuschen sein?

Hu, hu, da schaut eine alte Hexe raus!
Sie lockt die Kinder ins Pfefferkuchenhaus:
Sie stellte sich gar freundlich, o Hänsel, welche Not!
Ihn wollt sie braten im Ofen braun wie Brot!

Doch als die Hexe zum Ofen schaut hinein,
ward sie gestoßen von Hans und Gretelein.
Die Hexe mußte braten, die Kinder gehn nach Haus.
Nun ist das Märchen von Hans und Gretel aus.

Volkslied

HÄNSEL UND GRETEL

Vor einem großen Walde wohnte ein armer Holzhacker mit seiner Frau und seinen zwei Kindern; das Bübchen hieß Hänsel und das Mädchen Gretel. Er hatte wenig zu beißen und zu brechen, und einmal, als große Teuerung ins Land kam, konnte er auch das tägliche Brot nicht mehr schaffen. Wie er sich nun abends im Bette Gedanken machte und sich vor Sorgen herumwälzte, seufzte er und sprach zu seiner Frau: »Was soll aus uns werden? Wie können wir unsere armen Kinder ernähren, da wir für uns selbst nichts mehr haben?« – »Weißt du was, Mann«, antwortete die Frau, »wir wollen morgen in aller Frühe die Kinder hinaus in den Wald führen, wo er am dicksten ist; da machen wir ihnen ein Feuer an und geben jedem noch ein Stückchen Brot, dann gehen wir an unsere Arbeit und lassen sie allein. Sie finden den Weg nicht wieder nach Haus, und wir sind sie los.« – »Nein, Frau«, sagte der Mann, »das tue ich nicht; wie sollt ich's übers Herz bringen, meine Kinder im Walde allein zu lassen, die wilden Tiere würden bald kommen und sie zerreißen.« – »O du Narr«, sagte sie, »dann müssen wir alle viere Hungers sterben, du kannst nur die Bretter für die Särge hobeln«, und ließ ihm keine Ruhe, bis er einwilligte. »Aber die armen Kinder dauern mich doch«, sagte der Mann.

Die zwei Kinder hatten vor Hunger auch nicht einschlafen können und hatten gehört, was die Stiefmutter zum Vater gesagt hatte. Gretel weinte bittere Tränen und sprach zu Hänsel: »Nun ist's um uns geschehen.« – »Still, Gretel«, sprach Hänsel, »gräme dich nicht, ich will uns schon helfen.« Und als die Alten eingeschlafen waren, stand er auf, zog sein Röcklein an, machte die Untertüre auf und schlich sich hinaus. Da schien der Mond ganz helle, und die weißen Kieselsteine, die vor dem Haus lagen, glänzten wie lauter Batzen. Hänsel bückte sich und steckte so viel in sein Rocktäschlein, als nur hinein wollten. Dann ging er wieder zurück, sprach zu Gretel: »Sei getrost, liebes Schwesterchen, und schlaf nur ruhig ein, Gott wird uns nicht verlassen«, und legte sich wieder in sein Bett.

Als der Tag anbrach, noch ehe die Sonne aufgegangen war, kam schon die Frau und weckte die beiden Kinder. »Steht auf, ihr Faulenzer, wir wollen in den Wald gehen und Holz holen.« Dann gab sie jedem ein Stückchen Brot und sprach: »Da habt ihr etwas für den Mittag, aber eßt's nicht vorher auf, weiter kriegt ihr nichts.« Gretel nahm das Brot unter die Schürze, weil Hänsel die Steine in der Tasche hatte. Danach machten sie sich alle zusammen auf den Weg nach dem Wald. Als sie ein Weilchen gegangen waren, stand Hänsel still und guckte nach dem Haus zurück und tat das wieder und immer wieder. Der Vater sprach: »Hänsel, was guckst du da und bleibst zurück, hab acht und vergiß deine Beine nicht.« – »Ach, Vater«, sagte Hänsel, »ich sehe nach meinem weißen Kätzchen, das sitzt oben auf dem Dach und will mir ade sagen.« Die Frau sprach: »Narr, das ist dein Kätzchen nicht, das ist die Morgensonne, die

auf den Schornstein scheint.« Hänsel aber hatte nicht nach dem Kätzchen gesehen, sondern immer einen von den blanken Kieselsteinen aus seiner Tasche auf den Weg geworfen.

Als sie mitten in den Wald gekommen waren, sprach der Vater: »Nun sammelt Holz, ihr Kinder, ich will ein Feuer anmachen, damit ihr nicht friert.« Hänsel und Gretel trugen Reisig zusammen, einen kleinen Berg hoch. Das Reisig ward angezündet, und als die Flamme recht hoch brannte, sagte die Frau: »Nun legt euch ans Feuer, ihr Kinder, und ruht euch aus, wir gehen in den Wald und hauen Holz. Wenn wir fertig sind, kommen wir wieder und holen euch ab.«

Hänsel und Gretel saßen am Feuer, und als der Mittag kam, aß jedes sein Stücklein Brot. Und weil sie die Schläge der Holzaxt hörten, so glaubten sie, ihr Vater wäre in der Nähe. Es war aber nicht die Holzaxt, es war ein Ast, den er an einen dürren Baum gebunden hatte und den der Wind hin- und herschlug.

Und als sie so lange gesessen hatten, fielen ihnen die Augen vor Müdigkeit zu, und sie schliefen fest ein. Als sie endlich erwachten, war es schon finstere Nacht. Gretel fing an zu weinen und sprach: »Wie sollen wir nun aus dem Wald kommen?« Hänsel aber tröstete sie: »Wart nur ein Weilchen, bis der Mond aufgegangen ist, dann wollen wir den Weg schon finden.«

Und als der volle Mond aufgestiegen war, so nahm Hänsel sein Schwesterchen an der Hand und ging den Kieselsteinen nach, die schimmerten wie neu geschlagene Batzen und zeigten ihnen den Weg. Sie gingen die ganze Nacht hindurch und kamen bei anbrechendem Tag wieder zu ihres Vaters Haus. Sie klopften an die Tür, und als die Frau aufmachte und sah, daß es Hänsel und Gretel waren, sprach sie: »Ihr bösen Kinder, was habt ihr so lange im Walde geschlafen, wir haben geglaubt, ihr wolltet gar nicht wiederkommen.«

Der Vater aber freute sich, denn es war ihm zu Herzen gegangen, daß er sie so allein zurückgelassen hatte.

Nicht lange danach war wieder Not in allen Ecken, und die Kinder hörten, wie die Mutter nachts im Bette zu dem Vater sprach: »Alles ist wieder aufgezehrt, wir haben noch einen halben Laib Brot, hernach hat das Lied ein Ende. Die Kinder müssen fort, wir wollen sie tiefer in den Wald hineinführen, damit sie den Weg nicht wieder herausfinden; es ist sonst keine Rettung für uns.«

Dem Mann fiel's schwer aufs Herz, und er dachte: »Es wäre besser, daß du den letzten Bissen mit deinen Kindern teiltest.« Aber die Frau hörte auf nichts, was er sagte, schalt ihn und machte ihm Vorwürfe. Wer A sagt, muß auch B sagen, und weil er das erstemal nachgegeben hatte, so mußte er es auch zum zweitenmal.

Die Kinder waren aber noch wach gewesen und hatten das Gespräch mit angehört. Als die Alten schliefen, stand Hänsel wieder auf, wollte hinaus und Kieselsteine auflesen wie das vorige Mal, aber die Frau hatte die Tür verschlossen, und Hänsel konnte nicht heraus. Aber er tröstete sein Schwesterchen und sprach: »Weine nicht, Gretel, und schlaf nur ruhig, der liebe Gott wird uns schon helfen.«

Am frühen Morgen kam die Frau und holte die Kinder aus dem Bette. Sie erhielten ihr Stückchen Brot, das war aber noch kleiner als das vorige Mal.

Auf dem Wege nach dem Wald bröckelte es Hänsel in der Tasche, stand oft still und warf ein Bröcklein auf die Erde. »Hänsel, was stehst du und guckst dich um«, sagte der Vater, »geh deiner Wege.« – »Ich sehe nach meinem Täubchen, das sitzt auf dem Dache und will mir ade sagen«, antwortete Hänsel. »Narr«, sagte die Frau, »das ist dein Täubchen nicht, das ist die Morgensonne, die auf den Schornstein oben scheint.« Hänsel aber warf nach und nach alle Bröcklein auf den Weg.

Die Frau führte die Kinder noch tiefer in den Wald, wo sie ihr Lebtag noch nicht gewesen waren. Da ward wieder ein großes Feuer angemacht, und die Mutter sagte: »Bleibt nur da sitzen, ihr Kinder, und wenn ihr müde seid, könnt ihr ein wenig schlafen: wir gehen in den Wald und hauen Holz, und abends, wenn wir fertig sind, kommen wir und holen euch ab.«

Als es Mittag war, teilte Gretel ihr Brot mit Hänsel, der sein Stück auf den Weg gestreut hatte. Dann schliefen sie ein, und der Abend verging, aber niemand kam zu den armen Kindern. Sie erwachten erst in der finsteren Nacht, und Hänsel tröstete sein Schwesterchen und sagte: »Wart nur, Gretel, bis der Mond aufgeht, dann werden wir die Brotbröcklein sehen, die ich ausgestreut habe, die zeigen uns den Weg nach Haus.« Als der Mond kam, machten sie sich auf, aber sie fanden kein Bröcklein mehr, denn die vieltausend Vögel, die im Walde und im Felde umherfliegen, die hatten sie weggepickt. Hänsel sagte zu Gretel: »Wir werden den Weg schon finden«, aber sie fanden ihn nicht. Sie gingen die ganze Nacht und noch einen Tag von Morgen bis Abend, aber sie kamen aus dem Wald nicht heraus und waren so hungrig, denn sie hatten nichts als die paar Beeren, die auf der Erde standen. Und weil sie so müde waren, daß die Beine sie nicht mehr tragen wollten, so legten sie sich unter einen Baum und schliefen ein.

Nun war's schon der dritte Morgen, daß sie ihres Vaters Haus verlassen hatten. Sie fingen wieder an zu gehen, aber sie gerieten immer tiefer in den Wald, und wenn nicht bald Hilfe kam, so mußten sie verschmachten. Als es Mittag war, sahen sie ein schönes schneeweißes Vöglein auf einem Ast sitzen, das sang so schön, daß sie stehen blieben und ihm zuhörten. Und als es fertig war, schwang es seine Flügel und flog vor ihnen her, und sie gingen ihm nach, bis sie zu einem Häuschen gelangten, auf dessen Dach es sich setzte, und als sie ganz nah herankamen, so sahen sie, daß das Häuslein aus Brot gebaut war und mit Kuchen gedeckt; aber die Fenster waren von hellem Zucker. »Da wollen wir uns dranmachen«, sprach Hänsel, »und eine gesegnete Mahlzeit halten. Ich will ein Stück vom Dach essen, Gretel, du kannst vom Fenster essen, das schmeckt süß.« Hänsel reichte in die Höhe und brach sich ein wenig vom Dach ab, um zu versuchen, wie es schmeckte, und Gretel stellte sich an die Scheiben und knuperte daran. Da rief eine feine Stimme aus der Stube heraus:

»Knuper, knuper, kneischen,
wer knupert an meinem Häuschen?«

Die Kinder antworteten:

»Der Wind, der Wind,
das himmlische Kind«,

und aßen weiter, ohne sich irre machen zu lassen. Hänsel, dem das Dach sehr gut schmeckte, riß sich ein großes Stück davon herunter, und Gretel stieß eine ganze runde Fensterscheibe heraus, setzte sich nieder und tat sich wohl damit. Da ging auf einmal die Türe auf, und eine steinalte Frau, die sich auf eine Krücke stützte, kam herausgeschlichen. Hänsel und Gretel erschraken so gewaltig, daß sie fallen ließen, was sie in den Händen hielten. Die Alte aber wackelte mit dem Kopfe und sprach: »Ei, ihr lieben Kinder, wer hat euch hierher gebracht? Kommt nur herein und bleibt bei mir, es geschieht euch kein Leid.« Sie faßte beide an der Hand und führte sie in ihr Häuschen. Da ward gutes Essen aufgetragen, Milch und Pfannekuchen mit Zucker, Äpfel und Nüsse. Hernach wurden zwei schöne Bettlein weiß gedeckt, und Hänsel und Gretel legten sich hinein und meinten, sie wären im Himmel.

Die Alte hatte sich nur so freundlich angestellt, sie war aber eine böse Hexe, die den Kindern auflauerte, und hatte das Brothäuslein bloß gebaut, um sie herbeizulocken. Wenn eins in ihre Gewalt kam, so machte sie es tot, kochte es und aß es, und das war ihr ein Festtag. Die Hexen haben rote Augen und können nicht weit sehen, aber sie haben eine feine Witterung, wie die Tiere, und merken's, wenn Menschen herankommen.

Als Hänsel und Gretel in ihre Nähe kamen, da lachte sie boshaft und sprach höhnisch: »Die habe ich, die sollen mir nicht wieder entwischen.« Frühmorgens, ehe die Kinder erwacht waren, stand sie schon auf, und als sie beide so lieblich ruhen sah, mit den vollen roten Backen, so murmelte sie vor sich hin: »Das wird ein guter Bissen werden«. Da packte sie Hänsel mit ihrer dürren Hand und trug ihn in einen kleinen Stall und sperrte ihn mit einer Gittertüre ein; er mochte schreien, wie er wollte, es half ihm nichts. Dann ging sie zu Gretel, rüttelte sie wach und rief: »Steh auf, Faulenzerin, trag Wasser und koch deinem Bruder etwas Gutes, der sitzt draußen im Stall und soll fett werden. Wenn er fett ist, so will ich ihn essen.« Gretel fing an, bitterlich zu weinen, aber es war alles vergeblich, sie mußte tun, was die böse Hexe verlangte.

Nun ward dem armen Hänsel das beste Essen gekocht, aber Gretel bekam nichts als Krebsschalen. Jeden Morgen schlich die Alte zu dem Ställchen und rief: »Hänsel, streck deine Finger heraus, damit ich fühle, ob du bald fett bist.« Hänsel streckte ihr aber ein Knöchlein heraus, und die Alte, die trübe Augen hatte, konnte es nicht sehen und meinte, es wären Hänsels Finger, und verwunderte sich, daß er gar nicht fett werden wollte. Als vier Wochen herum waren und Hänsel immer mager blieb, da übernahm sie die Ungeduld, und sie wollte nicht länger warten. »Heda, Gretel«, rief sie dem Mädchen zu, »sei flink und trag Wasser; Hänsel mag fett oder mager sein, morgen will ich ihn schlachten und kochen.« Ach, wie jammerte das arme Schwesterchen, als es das Wasser tragen mußte, und wie flossen ihm die Tränen über die Backen herunter! »Lieber Gott,

hilf uns doch«, rief sie aus, »hätten uns nur die wilden Tiere im Wald gefressen, so wären wir doch zusammen gestorben.« – »Spar nur dein Geblärre«, sagte die Alte, »es hilft dir alles nichts.«

Frühmorgens mußte Gretel heraus, den Kessel mit Wasser aufhängen und Feuer anzünden. »Erst wollen wir backen«, sagte die Alte, »ich habe den Backofen schon eingeheizt und den Teig geknetet!« Sie stieß das arme Gretel hinaus zu dem Backofen, aus dem die Feuerflammen schon herausschlugen. »Kriech hinein«, sagte die Hexe, »und sieh zu, ob recht eingeheizt ist, damit wir das Brot hineinschießen können.« Und wenn Gretel darin war, wollte sie den Ofen zumachen, und Gretel sollte darin braten, und dann wollte sie's auch aufessen. Aber Gretel merkte, was sie im Sinne hatte, und sprach: »Ich weiß nicht, wie ich's machen soll; wie komm ich da hinein?« – »Dumme Gans«, sagte die Alte, »die Öffnung ist groß genug, siehst du wohl, ich könnte selbst hinein«, krabbelte heran und steckte den Kopf in den Backofen. Da gab ihr Gretel einen Stoß, daß sie weit hineinfuhr, machte die eiserne Tür zu und schob den Riegel vor. Hu! Da fing sie an zu heulen, ganz grauselig; aber Gretel lief fort, und die gottlose Hexe mußte elendiglich verbrennen.

Gretel aber lief schnurstracks zum Hänsel, öffnete sein Ställchen und rief: »Hänsel, wir sind erlöst, die alte Hexe ist tot!« Da sprang Hänsel heraus wie ein Vogel aus dem Käfig, wenn ihm die Türe aufgemacht wird. Wie haben sie sich gefreut, sind sich um den Hals gefallen, sind herumgesprungen und haben sich geküßt! Und weil sie sich nicht mehr zu fürchten brauchten, so gingen sie in das Haus der Hexe hinein, da standen in allen Ecken Kasten mit Perlen und Edelsteinen. »Die sind noch besser als Kieselsteine«, sagte Hänsel und steckte in seine Taschen, was hinein wollte, und Gretel sagte: »Ich will auch etwas mit nach Haus bringen«, und füllte sich sein Schürzchen voll. »Aber jetzt wollen wir fort«, sagte Hänsel, »damit wir aus dem Hexenwald herauskommen.« Als sie aber ein paar Stunden gegangen waren, gelangten sie an ein großes Wasser. »Wir können nicht hinüber«, sprach Hänsel, »ich seh keinen Steg und keine Brücke.« – »Hier fährt auch kein Schiffchen«, antwortete Gretel, »aber da schwimmt eine weiße Ente, wenn ich die bitte, so hilft sie uns hinüber.« Da rief sie:

»Entchen, Entchen,
da steht Gretel und Hänsel.
Kein Steg und keine Brücke,
nimm uns auf deinen weißen Rücken.«

Das Entchen kam auch heran, und Hänsel setzte sich auf und bat sein Schwesterchen, sich zu ihm zu setzen. »Nein«, antwortete Gretel, »es wird dem Entchen zu schwer, es soll uns nacheinander hinüberbringen.« Das tat das gute Tierchen, und als sie glücklich drüben waren und ein

Weilchen fortgingen, da kam ihnen der Wald immer bekannter und immer bekannter vor, und endlich erblickten sie von weitem ihres Vaters Haus. Da fingen sie an zu laufen, stürzten in die Stube hinein und fielen ihrem Vater um den Hals. Der Mann hatte keine frohe Stunde gehabt, seitdem er die Kinder im Walde gelassen hatte, die Frau aber war gestorben. Gretel schüttete sein Schürzchen aus, daß die Perlen und Edelsteine in der Stube herumsprangen, und Hänsel warf eine Handvoll nach der anderen aus seiner Tasche dazu. Da hatten alle Sorgen ein Ende, und sie lebten in lauter Freude zusammen. Mein Märchen ist aus, dort läuft eine Maus, wer sie fängt, darf sich eine große große Pelzkappe daraus machen.

Brüder Grimm

DER GESCHEITE
HANSEL

Hansel am Bach
hat lauter gut Sach,
hat's Häusel verbrennt,
hat Lumpen drum gehenkt.

Hansel am Bach
hat lauter gut Sach,
hat Fischlein gefangen,
hat die Schuppen heimbracht.

Hansel und Gretel,
zwei lustige Leut,
der Hansel ist närrisch,
die Gretel nit gescheit.

Aus »Des Knaben Wunderhorn«

IM REGEN

Es regnet, es regnet,
es regnet seinen Lauf,
und wenn's genug geregnet hat,
so hört es wieder auf.

Regen, Regen, Tröpfchen,
es regnet auf mein Köpfchen,
es regnet in das grüne Gras,
da werden meine Füße naß.

DIE FÜNF HÜHNERCHEN

Ich war mal in dem Dorfe,
da gab es einen Sturm,
da zankten sich fünf Hühnerchen
um einen Regenwurm.
Und als kein Wurm mehr war zu sehn,
da sagten alle: »Piep!«
Da hatten die fünf Hühnerchen
einander wieder lieb.

Victor Blüthgen

DER KNABE UND DIE ENTENMUTTER

Ei, schön guten Tag,
Madame Quakquak!
So früh mit den Kleinen
heut schon auf den Beinen?
Wie geht es den Lieben?

Es sind ihrer sieben.
Sie patscheln und watscheln,
sie flattern und schnattern
mit lieblichen Stimmen,

und tauchen wie Reiher,
und suchen im Weiher
schon selber ihr Futter,
wie ich, ihre Mutter.

Drauf lästert der Junge
mit spottender Zunge:
Das Watscheln und Patscheln
verstehn sie zwar zierlich
und tauchen manierlich,
und suchen ihr Futter
wie du sich mit Schnattern,
du glückliche Mutter.
Jedoch mit dem Flattern
da steht's noch so – so!
Wo sind denn die Federn,
wo, sage mir, wo?
Sie haben nur Fledern
und flaumige Röcklein
von gelblichen Flöcklein.
Gelbschnäbel noch scheinen
mir alle die Kleinen:
Das eine ist gelb und das andre noch gelber.

Im Zorne ruft da
die Entenmama:
Gelbschnabel du selber!

Rudolf Löwenstein

FUCHS, DU HAST DIE GANS GESTOHLEN

Fuchs, du hast die Gans gestohlen,
gib sie wieder her,
gib sie wieder her.
Sonst wird dich der Jäger holen
mit dem Schießgewehr.
Sonst wird dich der Jäger holen
mit dem Schießgewehr.

Seine große lange Flinte
schießt auf dich das Schrot,
schießt auf dich das Schrot;
daß dich färbt die rote Tinte,
und dann bist du tot;
daß dich färbt die rote Tinte,
und dann bist du tot.

Liebes Füchslein, laß dir raten,
sei doch nur kein Dieb,
sei doch nur kein Dieb;
nimm, statt mit dem Gänsebraten,
mit der Maus vorlieb;
nimm, statt mit dem Gänsebraten,
mit der Maus vorlieb.

Ernst Anschütz

Klopfer, Klopfer, Ringelchen!
Da stehn zwei arme Kinderchen.
Gib ihnen was und laß sie gehn,
die Himmelstür wird offen stehn.
Kommt Jesus aus der Schule,
kocht Maria Äpfelbrei,
setzen sich alle Engelchen bei,
klein und groß,
nackt und bloß,
alle auf Marien Schoß.

DIE ARMUT GEHT VON HAUS ZU HAUS

Die Armut geht von Haus zu Haus
und fleht um eine Gabe,
laßt sie nicht unbeschenkt hinaus,
gönnt, daß sie sich erlabe.
Der Pfennig, den die Liebe zollt,
verwandelt sich in Himmelsgold.

Eins, zwei, drei, vier,
wer klopft da an die Tür?
Ein alter Offizier.
Was will er haben?
Gar viele Gaben,
ein Töpfchen mit Nelken,
die niemals verwelken.

Susannchen mag nit lustig sein,
Susannchen mag nix machen,
ein Mäßchen Wein und Zucker drein,
dann wird Susannchen lachen.

RUFT MAN: BÜBLEIN, KOMM UND ISS!

Ruft man: Büblein, komm und iß! –
folgt der Schlingel gleich gewiß;
heißt es aber: Komm und lern! –
tut er's da wohl auch so gern?!

HERR GUCK IN DEN TOPF

Herr Guck in den Topf,
Herr Leckermaul!
Beim Essen fix,
beim Lernen faul!
Marsch fort mit dir ans ABC,
sonst setzt es was. O weh, o weh!

Oscar Pletsch

DIE ABC-SCHÜTZEN

Rate, was ich habe vernommen!
Es sind achtzehn fremde Gesellen ins Land gekommen,
zu malen schön und säuberlich,
doch keiner einem andern glich.
All ohne Fehler und Gebrechen,
nur konnte keiner ein Wort sprechen;
und damit man sie sollte verstehn,
hatten sie fünf Dolmetscher mit sich gehn,
das waren hochgelehrte Leut:
Der erst erstaunt, reißt's Maul auf weit,
der zweite wie ein Kindlein schreit,
der dritte wie ein Mäuselein pfiff,
der vierte wie ein Fuhrmann rief,
der fünft gar wie ein Uhu tut,
das waren ihre Künste gut.
Damit erhoben sie ein Geschrei,
füllt noch die Welt, ist nicht vorbei.

Aus »Des Knaben Wunderhorn«

WIE'S IM HAUSE GEHT
NACH DEM ALPHABET

A a

Ihr sollt mir ein Rätsel raten:
– Man ißt es gekocht und gebraten,
man ißt es aber auch frisch;
doch ist es nicht Fleisch, nicht Fisch.
Guckt nur in den Ofen hinein,
bald wird es gebraten sein.

B b

Seht den kleinen Hans doch an,
sieht er nicht aus wie der Butzelmann?
Trägt 'nen langen, weißen Bart
von der allerschönsten Art;
geht mit Papas großem Stock,
steif, ganz wie ein Ziegenbock!
Macht ein sehr gelehrt Gesicht,
– aber lernen will er nicht! –

C c

Ich bitte Sie aber, Fräulein Cilie,
solch starken Kaffee trinken Sie?
Drei ganze Lot und nur sechs Tassen?
Das würde sich für mich nicht passen;
Zichorie nehm ich ein halbes Lot,
drei Bohnen dazu und geröstet Brot,
ein wenig Sirup, zum Groschen das Pfund,
– das ist ein Kaffee, der ist gesund! –

D d

Wie grimmig sieht der Dieb hier aus,
er möchte wohl gern auf das Dach hinaus.
Was hat er da, das sollt ihr raten?
Einen Beutel mit hundert Dukaten.
Die Leute, die auf der Gasse stehn,
o weh, die haben den Dieb gesehn –
du dummer Dieb, nun wirst du gefangen
und aufgehangen!

E e

Eichhörnchen, was guckst mich an?
Glaubst wohl, das ist Marzipan?
Irrst dich, das ist Eierkuchen;
komm, du sollst ein Stück versuchen.
Schmeckt's nicht? Ist's kein Mandelkern?
Glaub ich, eß ich auch ganz gern!

F f

Fischlein, Fischlein aus dem See,
springt noch einmal in die Höh!
Aber springt ihr aus dem Faß,
macht ihr mir die Schürze naß.
Beißt ihr mich ins Fingerlein:
Seid ihr dumme Dingerlein!
Seht, das Feuer flackert ja –
Fischlein, euer End ist nah.
Nun herein, zu Tisch, zu Tisch,
heute gibt's gebratnen Fisch!

G g

Lieber, guter Großpapa,
heut sind wir zwei beide da,
ein Gedicht studierten wir,
wollen gratulieren dir,
da wir aber noch so klein,
wird der Vers auch kurz nur sein.
Doch Geburtstag übers Jahr
kommt die ganze Enkelschar
und bringt ihren Glückwunsch dar!

H h

Wer steht denn hier vor meiner Tür?
Ein Hemdenmatz steht mir dafür!
Ja, Hund und Hündchen, schaut ihn an,
das ist der Hans, der Hemdenmann.
Der Hahn, der tät ganz schrecklich krähn:
Ei, hab ich so was je gesehn!
Potztausend, kikerikiki,
ein Matz, ein Hemdenmatz steht hie!

I i J j

Ihr Jungen, ihr spielt wohl gern Soldat?
Aber wißt ihr auch, was es auf sich hat?
Hurra, in den Feind, marsch, marsch, fällt 's Gewehr!
Nicht wahr, Jungens, das gefiele euch sehr?
So ging's anno dreizehn in Leipzigs Schlacht,
da haben wir Deutschland frei gemacht!
Zwei Schuß in den Arm und drei ins Bein –
nun müssen wir Invaliden sein.

K k

Heute sind's zwei Jahre her,
ach, da freuten wir uns sehr,
kam das kleine Käthchen an
aus dem Mond per Eisenbahn.
Darum ist Geburtstag heut.
Käthchen kriegt ein neues Kleid,
kriegt 'nen Kuchen, kriegt 'nen Kuß,
der auch tüchtig schmatzen muß.

L l

Ach, da kommt ja, zum großen Glück,
der Leiermann und spielt ein Stück!
Doch sieh nicht so betrübt darein,
es muß ein lustig Liedchen sein.
»Ach, Kind, wie kann es lustig sein:
Uns ging heut noch nichts Warmes ein;
in Lumpen läuft mein Bub einher,
er hat auch keine Mutter mehr!«
– Das tat dem Lieschen herzlich leid,
sie gab ihm eine Kleinigkeit.

M m

Madamchen, Milch gefällig heut?
Doch bitt ich, schnell, hab keine Zeit. –
Klopf, klopf, – mach auf – ei dacht ich's doch,
ihr lieben Städter schlaft wohl noch!
Klopf, klopf – daß dich das Mäuslein beißt,
ist heut die Magd vielleicht verreist? –
Ach nein, jetzt hör ich's rappeln –
ihr ließt mich lange zappeln.

N n

Pfui, schämt euch doch, Naschkatzen ihr!
Schaut nur mal auf, schaut nach der Tür;
da trat die Mutter grad herein –
möcht nicht dabei gewesen sein!

O o

Hier ist das Obst, Herr Offizier,
doch gib erst deinen Nickel mir.
Wer so schönes Obst will essen,
darf das Geld auch nicht vergessen;
ohne Geld verkauf ich nicht,
merk es dir, du kleiner Wicht.

P p

Papachen, komm schnell, die Post geht ab,
mein Pferdchen setzt sich sogleich in Trab!
Die Puppe, die fährt nicht gerne aus,
drum bleibt sie mit Lieschen derweil zu Haus.
»Gleich, Peter, erst brenn ich ein Pfeifchen an –
nun vorwärts, du possierlich Gespann!«

Q q

'ne Handvoll Mehl, drei Quentchen Quark,
drei Eier hinein, dann quirlt man's stark.
– Ach ja, das muß ich doch versuchen,
das gibt 'nen guten Käsekuchen.

R r

Wie regnet das, wie regnet das!
Da wird ja meine Mütz ganz naß.
Tritt unter, rasch unter;
hierunter ist es trocken,
hierunter laßt uns hocken,
hierunter laßt uns kauern,
so lang wird's wohl nicht dauern.

S s

Der Winter ist im Felde,
der Winter ist vorm Haus;
was kümmert uns die Kälte,
wir springen doch hinaus!
Wir holen unsre Schlitten:
Wollt ihr gefahren sein,
so müßt ihr uns hübsch bitten,
dann setzt ihr euch hinein.

T t

So laß doch, Trautchen, das Drücken sein
und laß mich mit zu euch hinein!
»Nein, nein, Herr Tölpel, Herr Tunichtgut,
bist immer voll bösem Übermut;
bleib du nur draußen vor der Tür,
wir spielen lieber alleine hier!«

U u

Was hilft's, ob auch die Uhr recht geht,
wenn 's Kindchen doch zu spät aufsteht?
Was hilft's, wer eine Uhr besitzt
und doch die Zeit nicht recht benützt?
Die Uhr steht manchmal still vor Tücke,
die Zeit läuft vorwärts, nie zurücke!

V v

Hier könnt ihr sehn zwei Vöglein, von ganz besondrer Art,
das eine ein Rotbäckchen, das andre ein Rotbart;
das eine, das kann fliegen, das andre möcht es wohl,
das wird erst immer munter, wenn es ins Nestchen soll.
Das eine ist ein Mädel, das andre ist ein Matz;
und wenn du nun gevespert hast, so geht's zu Bett, mein Schatz!

W w

Willst, kleiner Wicht, wohl ruhig sein!
Wer wird beim Waschen so weinen und schrein?
»Ach, liebe Mama, das ist kein Spaß.
Das Waschen macht mich pudelnaß,
und erst das alte Reiben –
ach, laß mich nur lieber ein Schmutzbartel bleiben!«

X x Y y

Oscar Pletsch, sag, hast du schon
was auf X und Ypsilon?
»Nein, auf Ypsilon und X
weiß ich, Kinder, wahrlich nix.«

Z z

Wie ist's so still im Stübchen,
wie hält so still mein Liebchen;
und zupft's auch mal ein bißchen,
ganz still hält 's liebe Lieschen.
Weißt du noch, vor zwei Jährchen,
da hattst du krause Härchen,
warst du ein Lockenköpfchen,
und nun trägst du schon Zöpfchen.

Oscar Pletsch

HEUT GEHT ES NUN ZUR SCHULE

Heut geht es nun zur Schule
das allererste Mal,
die Tafel unter dem Arme,
und in der Hand das Pennal,
das Bilderbuch in der Tasche,
ein roter Apfel dabei,
und geh ich morgen zur Schule,
so gibt es am Ende zwei:
So geh ich stolz aus dem Hause
und seh mich wohl zehnmal um,
die Eltern schaun aus dem Fenster
und freun sich, – ich weiß wohl warum!

HÖRST DU'S SCHLAGEN HALBER ACHT?

Hörst du's schlagen halber acht?
Gleich das Buch zurechtgemacht!
Schau, schon rudelt's groß und klein,
dick und dünn zur Schul hinein.
Willst du gar der letzte sein?

Schnell die Mappe übern Kopf
und die Kappe auf den Schopf.
Und nun spring und lern recht viel.
Wer sich tummelt, kommt ans Ziel.

Friedrich Güll

ZWEI GESPRÄCHE

Es war ein heiterer Frühlingsmorgen, ich stand im Dorfe auf dem Kreuzwege, wo das kleine Brückchen rechts gleich in die Schule führt, der größere Fußsteg aber links nach der Königswiese sich fortschlängelt. Da hörte ich, wie zwei Knaben folgendes zueinander sprachen:

Guten Tag, Karl!

»Guten Tag, Michel!«

Wo gehst du hin, Karl?

»In die Schule, Michel!«

Ei was! In der Schule ist's garstig, da muß man lernen, draußen auf der Wiese, sollst du einmal sehen, da ist es hübsch! Komm, wir wollen spielen, Karl!

»Am Abend, Michel! Jetzt geh ich lernen. Ade!« –

Meinetwegen, geh du arbeiten, Karl, ich gehe spielen, Ade! – –

Nach zwanzig Jahren stand ich in demselben Dorf an derselben Stelle. Es war ein böser kalter Wintertag. Ein blasser, ärmlich gekleideter Mensch klopfte an die Tür des Schulhauses. Der Schullehrer, ein rüstiger, stattlicher Mann, öffnete. Ich hörte die beiden folgendes sprechen:

Guten Tag, lieber Herr!

»Guten Tag, lieber Mann!«

Erbarmet Euch meiner, lieber Herr!

»Was verlangt Ihr denn von mir?«

Arbeit, Herr! Ich will Euch die Schulstube fegen, ich will Euch die Öfen heizen oder andere Dienste derart tun. Nehmt mich auf!

»Könnt Ihr nicht noch andere Arbeit tun als die?«

Nein, Herr!

»Warum denn nicht?«

Ich hab nichts gelernt!

»Wie heißt Ihr?«

Ich heiße Michel, Herr!

»Kommt herein, Michel, draußen ist's heute garstig, in der Schulstube ist's schön. Da werdet Ihr hoffentlich auch noch jetzt etwas lernen.« – Sie gingen hinein, und die Tür ward wieder geschlossen. Der um Arbeit bettelnde Mann wußte in jenem Augenblicke noch nicht, wer der freundliche Schullehrer war. Wir wissen es besser.

Robert Reinick

DAS FAULPELZ-STUDIUM

Nominativ: Papa ging aus.
Genitiv: Wir bleiben zu Haus.
Dativ: Lang ausgestreckt.
Akkusativ: Uns nicht geweckt!
Vokativ: Nun gute Ruh!
Ablativ: Die Augen zu.

Also lautet um und um
unser Faulpelz-Studium.

Oscar Pletsch

DER FAULE JOCKEL

Ein Herr hatte einen faulen Knecht, der hieß Jockel. Als der Hafer reif war, sagte der Herr: Jockel, nimm flugs die Sichel, geh auf den Acker, und sobald du den Hafer abgeschnitten hast, kommst du wieder nach Hause. Aber der Jockel nahm die Sichel, ging bis vor den Haferacker, und als er sah, daß viel zu schneiden war, getraute er sich nicht anzufangen, setzte sich unter einen Baum, gähnte und schlief ein. Als der Jockel gar nicht nach Hause kam, wurde es dem Herrn zu lange, und weil er keinen Menschen hatte, schickte er seinen Pudel hinaus, um den Jockel zu beißen, bis er den Hafer abgeschnitten hätte und nach Hause ginge. Aber der Pudel war so böse nicht. Da er den Jockel schlafen sah, dachte er: Der macht es gescheit, legte sich zu dem Jockel und schlief auch ein. Nun war der Hafer nicht geschnitten, und der Jockel kam nicht nach Hause und der Pudel auch nicht. Da war der Herr noch verdrießlicher und sprach zu dem Prügel, der in der Ecke stand: Prügel, beeile dich, lauf hinaus auf den Acker und prügle den Pudel, bis er den Jockel beißt, daß dieser den Hafer schneidet, und daß ihr alle drei nach Hause kommt. Der Prügel lief hin, weil er aber den Pudel schlafend fand, so dachte er, er könne ja warten, bis dieser aufwache, und ihn dann immer noch genug prügeln. So legte er sich zu den andern und schlief auch. Da auch der Prügel nicht nach Hause kam, riß dem Herrn endlich die Geduld. Voll Zorn machte er sich selbst auf und sah mit Erstaunen den Hafer noch stehen und seine drei Abgesandten daneben liegen und schlafen. Jetzt will ich doch einmal sehen, ob ich den Jockel nicht auf die Beine bringe, sprach er, ergriff den Prügel, prügelte damit den Pudel, der Pudel fuhr aus dem Schlafe auf und biß den Jockel in die Beine, daß dieser au und weh schrie. Als er aber seinen Herrn erblickte, da fiel dem Jockel seine Arbeit ein. Hurtig nahm er die Sichel und machte sich an den Hafer, und ehe es Abend war, war der Acker leer und der Jockel, der Pudel und der Prügel wieder zu Hause. Da sagte der Herr: Ein andermal will ich es gleich so machen.

Wilhelm Curtman

BESEN UND RUTE

Der Besen, der Besen,
was macht man damit, was macht man damit?
Man kehrt damit, man kehrt damit
die Stuben.

Die Rute, die Rute,
was macht man damit, was macht man damit?
Man klopft damit, man klopft damit
die Buben.

Warum nicht die Mädchen?
Ei, das wär eine Schand;
die sitzen am Rädchen
und spinnen Gewand.

WER WILL FLEISSIGE HANDWERKER SEHN

Wer will fleißige Handwerker sehn,
der muß zu uns Kindern gehn.
Stein auf Stein, Stein auf Stein,
das Häuschen wird bald fertig sein.
Stein auf Stein, Stein auf Stein,
das Häuschen wird bald fertig sein.

Wer will fleißige Handwerker sehn,
der muß zu uns Kindern gehn.
O wie fein, o wie fein,
der Glaser setzt die Scheiben ein.
O wie fein, o wie fein,
der Glaser setzt die Scheiben ein.

Wer will fleißige Handwerker sehn,
der muß zu uns Kindern gehn.
Tauchet ein, tauchet ein,
der Maler streicht die Wände fein.
Tauchet ein, tauchet ein,
der Maler streicht die Wände fein.

Wer will fleißige Handwerker sehn,
der muß zu uns Kindern gehn.
Zisch, zisch, zisch; zisch, zisch, zisch,
der Schreiner hobelt glatt den Tisch.
Zisch, zisch, zisch; zisch, zisch, zisch,
der Schreiner hobelt glatt den Tisch.

Wer will fleißige Handwerker sehn,
der muß zu uns Kindern gehn.
Poch, poch, poch; poch, poch, poch,
der Schuster schustert zu das Loch.
Poch, poch, poch; poch, poch, poch,
der Schuster schustert zu das Loch.

Wer will fleißige Handwerker sehn,
der muß zu uns Kindern gehn.
Stich, stich, stich; stich, stich, stich,
der Schneider näht ein Kleid für mich.
Stich, stich stich; stich, stich, stich,
der Schneider näht ein Kleid für mich.

Wer will fleißige Handwerker sehn,
der muß zu uns Kindern gehn.
Rühre ein, rühre ein,
der Kuchen wird bald fertig sein.
Rühre ein, rühre ein,
der Kuchen wird bald fertig sein.

Wer will fleißige Handwerker sehn,
der muß zu uns Kindern gehn.
Tripp, trapp, drein; tripp, trapp, drein,
jetzt gehn wir von der Arbeit heim.
Tripp, trapp, drein; tripp, trapp, drein,
jetzt gehn wir von der Arbeit heim.

Wer will fleißige Handwerker sehn,
der muß zu uns Kindern gehn.
Hopp, hopp, hopp; hopp, hopp, hopp,
jetzt laufen alle im Galopp.
Hopp, hopp, hopp; hopp, hopp, hopp,
jetzt laufen alle im Galopp.

Volkslied

BÄCKERJUNGE UND SCHORNSTEINFEGER

Bäckerjunge:
»Geh weg, geh weg, du schwarzer Wicht,
berühr mein schneeweiß Jäckchen nicht!«

Schornsteinfeger:
»Schick mich nicht fort, du kannst mich brauchen,
denn ohn mich wird dein Ofen rauchen.
Und wenn dein Ofen nicht im Stand,
wird's Brot nicht gut, das ist bekannt.«

Bäckerjunge:
»Das wär mein Schaden nicht allein,
auch du würd'st ohne Brot dann sein.«

Schornsteinfeger:
»Da hast du recht, drum laß uns gehn,
zusammen nach dem Rechten sehn,
ich kehr die Esse, du backst Brot –
wo ›schwarz-weiß‹ einig, hat's nicht Not.«

VIEL PHANTASIE

Den Wirt zum goldnen Löwen,
den kenn ich ganz genau.
Er hat eine lange Pfeife
und eine alte Frau.

Und sind meine Strümpfe zerrissen
und ist mir im Magen so flau,
dann geh ich zum Löwenwirte
und seiner alten Frau.

Friedrich Oldenberg

DA HAST EINEN GULDEN

Da hast einen Gulden,
nun zahl deine Schulden:
dem Schneider die Kleider,
dem Schuster die Schuh;
dem Becken die Wecken,
der Mutter die Ruh! –
Der Mutter die Sorgen?
Die mußt du dazu
dein Lebetag borgen.
Die bleibst du ihr schuldig
zu aller Zeit,
die bleibst du ihr schuldig
in Ewigkeit.

Friedrich Güll

KINDERPREDIGT

Quibus, quabus,
die Enten gehn barfuß,
die Gäns haben gar keine Schuh,
was sagen dann die lieben Hühner dazu?
Und als ich nun kam an das kanaljeische Meer,
da fand ich drei Männer und noch viel mehr;
der eine hatte niemals was,
der andre nicht das
und der dritte gar nichts;
die kauften sich eine Semmel
und einen Zentner holländischen Käse
und fuhren damit an das kanaljeische Meer.
Und als sie kamen an das kanaljeische Meer,
da kamen sie in ein Land, und das war leer,
und sie kamen an eine Kirche von Papier,
darin war eine Kanzel von Korduan
und ein Pfaffe von Rotstein,
der schrie: »Heute haben wir Sünde getan,
verleiht uns Gott das Leben, so wollen wir morgen wieder dran!«
Und die drei Schwestern Lazari,
Katharina, Sibilla, Schweigstilla,
weinten bitterlich,
und der Hahn krähete Buttermilch!

Aus »Des Knaben Wunderhorn«

KOMMT EIN VOGEL GEFLOGEN

Kommt ein Vogel geflogen,
setzt sich nieder auf mein' Fuß,
hat ein' Zettel im Schnabel,
von der Mutter ein' Gruß.

Lieber Vogel, flieg weiter,
bring ein' Gruß mit und ein' Kuß,
denn ich kann dich nicht begleiten,
weil ich hierbleiben muß.

Volkslied

SCHLITTENFAHRT IM STÜBCHEN

Adieu Mama, adieu Mama!
Wir fahren auf dem Eise.

Lebwohl, mein Kind, lebwohl, mein Kind!
Wohin geht denn die Reise?

Zu Schlitten nach dem Nordpol hin!
Wir müssen schnell kutschieren.

Adieu, mein Kind, und laß nur nicht
die Nase dir erfrieren!

Mama, wir bringen dir was mit
vom Nordpol, kannst du raten?

Gewiß bringt ihr 'nen Eisbär mit,
den will ich für euch braten.

Friedrich Oldenberg

ZÜRNT UND BRUMMT DER KLEINE ZWERG

Zürnt und brummt der kleine Zwerg,
nimmt er alles überzwerch,
den Ofen für ein Bierglas,
den Mehlsack für ein Weinfaß,
den Kirschbaum für ein'n Besenstiel,
den Flederwisch für ein' Windmühl,
die Katz für eine Wachtel,
das Sieb für eine Schachtel,
das Hackbrett für ein'n Löffel,
den Hansel für den Stöffel.

IHR DIENER

Ihr Diener,
was machen denn Ihre Hühner?
Legen sie heuer
wieder brav Eier?
Was kostet's Schock?
Einen Dreier:
Das ist mir zu teuer.
Einen Pfennig:
Das ist mir zu wenig.
Einen Zweer:
Das geht schon eher.

SPITZEL, SPITZEL, BEISS MICH NICHT!

Spitzel, Spitzel, beiß mich nicht!
Beißt du mich, so schlag ich dich,
beißt du mich, verklag ich dich,
verklag ich dich auf dem Rathaus.

VOM BOSHAFTEN HANNES

Was das für ein boshafter Junge war, der Hannes! Da zog er neulich mit einigen Schulkameraden vors Tor hinaus. Jeder der Knaben hatte seinen Papierdrachen mitgenommen, den wollten sie auf der Wiese fliegen lassen. Vor ihnen lief Nero, der halbausgewachsene und schon so große Hund des Hannes.

»Mein Drachen steigt doch noch einmal so hoch wie eure schlechten Papierlappen da!« rief Hannes unterwegs.

»Wir werden 's ja sehen!« meinten die anderen und beachteten sein Geschwätz nicht weiter.

»Gut! Wetten wir!« sagte Hans und stand still.

»Wir können unser Geld besser brauchen als zum Wetten!« sagten die andern und gingen vorwärts. »Wessen Drachen am höchsten steigt, der hat die meiste Freude, da kann er genug dran haben!«

Jetzt waren sie auf der Pfingstwiese angelangt. Sie nahmen ihre Papiervögel und ließen sie steigen; der Wind war günstig. Im Anfang hob sich auch wirklich der Drachen des Hannes am ruhigsten und sichersten, während die der anderen fortwährend hin und her schwankten, ehe sie stiegen.

Bald aber drehte sich das Ding, und zuletzt standen die übrigen Drachen viel höher als seiner.

»Noch ist nicht aller Tage Abend!« rief er mit großer Zuversicht. – Aber innerlich verdroß es ihn nicht wenig.

Was war zu tun? Er mochte zerren und ziehen, laufen oder stillstehen, es wollte ihm nicht gelingen, den anderen zuvorzukommen.

Jetzt lief dem Buben die Galle über, und er ließ seinen Ärger an den Spielgenossen aus. Bald sprang er ihnen vor die Füße, bald suchte er sie im Laufen seitwärts in den Graben zu stoßen und was dergleichen Bubenstreiche mehr waren.

Alles umsonst! Seine Kameraden waren gewandte Jungen, geschickt wußten sie, ihm jedesmal auszuweichen. »Gib dir keine Mühe, Hannes!« sprachen sie mit größter Ruhe. »Paß auf, daß du selbst nicht stolperst. – Hochmut kommt vor dem Fall.«

Nichts kränkt den Zornigen mehr als die Ruhe derer, gegen die er seinen Zorn auslassen möchte. Der böse Junge geriet förmlich in Wut; am liebsten wäre er gleich über die Spielgenossen hergefallen und hätte darauf losgeschlagen, aber freilich, er wußte, daß er da schlecht angekommen wäre. Er hielt ja auch immer den Faden seines herrlichen Drachens in der Hand und wollte ihn nicht loslassen. Dabei gebärdete er sich so täppisch, daß die anderen lachen mußten, sie mochten wollen oder nicht.

»Ich will euch lehren, über mich zu lachen!« schrie er jetzt, da er sich nicht anders zu helfen wußte. »Nero! Faß die Buben da! Faß!«

Nero, so jung er war, pflegte sonst recht gern dabei zu sein, den Leuten, auf die er gehetzt wurde, ein Stück aus dem Rock zu zerren oder sie in die Waden zu zwicken; heute war er vernünftiger als sein Herr und in lustiger Laune. Statt die anderen Knaben anzufallen, sprang er spielend und bellend an Hannes herauf und hinderte den im Laufen.

»Faß! Nero! Faß!« schrie er fortwährend und tat alles mögliche, den Hund böse zu machen. Indem aber fiel sein eigener Drachen in derselben Richtung nieder, wo er das Tier hinhetzte. Sowie Nero, der nun end-

lich doch bissig gemacht war, den fallenden Papiervogel sah, wie der so jämmerlich am Boden zappelte, fuhr er wie der Wind darauf los, packte und zauste ihn, daß die Fetzen nur so herumflogen.

»Nero, laß los!« schrie der Hannes voller Schrecken, »laß los!« Dabei lief er, was er nur konnte, dem Hunde nach.

Ja, schrei und lauf du, soviel du willst! Nero meinte, er müsse seine Beute nun auch gleich heimbringen. Mit den lustigsten Sprüngen, den Kopf stolz in die Höhe gereckt, trug er den zerfetzten Vogel in vollem Rennen nach Hause. Die großen Augen und das aufgerissene Maul, die auf dem Drachen gemalt waren, paßten herrlich zu der traurigen Lage des papiernen Ungeheuers; es sah aus, als ob es aus Leibeskräften um Hilfe schreien wollte.

Und was tat der Hannes? Er lief und wütete immerfort hinter dem Hunde her und merkte gar nicht, daß alle Leute, die das Spektakel mit ansahen, über die komische Jagd sich lustig machten.

Unterdessen spielten die anderen Knaben auf ihrer Pfingstwiese noch lange Zeit zusammen in Lust und Einigkeit und waren froh, den Hannes Großmaul los zu sein. – Wie mag der sein herrliches Prachtstück zu Hause wiedergefunden haben!

Robert Reinick

KRIEGSLIED DER STECKENREITER

Husaren kommen reiten,
den Säbel an der Seiten.
Hau dem Schelm ein Ohr ab,
hau's ihm nicht zu dicht ab,
laß ihm noch ein Stücklein dran,
daß man den Schelm erkennen kann.

Aus »Des Knaben Wunderhorn«

EIN SCHIMMEL, EIN RAPP

Ein Schimmel, ein Rapp,
bergauf und bergab!
Beim Peitschenknallen
auf die Nase gefallen!
Frisch vorwärts im Trab,
Herr Schimmel, Herr Rapp!

Oscar Pletsch

STECKENREITERLEHREN

Herr Reiter, mein Reiter, nun reit er mal aus,
und bring er mir recht etwas Schönes nach Haus;
aus Nürnberg Spielzeug und Putz aus Berlin,
und Bücher aus Leipzig und Backwerk aus Wien.

Und kommt mal ein Wetter, und regnet's einmal,
da führ er sein Pferd nur nicht gleich in den Stall.
Ein Reiter wie er muß kein Nestküken sein!
Durch Sturmwind und Regen! Geritten muß sein!

Herr Reiter, mein Reiter, und trinkt er mal gern:
Am Weg steht ein Wirtshaus, am Tor hängt ein Stern.
Und ißt er dort Braten, und trinkt er dort Wein –
auf meine Gesundheit! Sonst darf es nicht sein.

Herr Reiter, und kommen ihm Räuber entgegen,
da greif er nur gleich nach Pistolen und Degen.
Ein Reiter wie er darf kein Hasenfuß sein –
da mach er nicht Flausen und schlag er darein!

Nun vorwärts! Zum Kuckuck, er trödelt mir schön!
Sein Rößlein das stampfet und will nimmer stehn.
Ade nun, und geb er die Sporen dem Pferd,
sonst ist ja der Reiter kein'n Heller nicht wert!

Robert Reinick

GENERAL BUMBUM

Der General Bumbum,
der reitet alles um!
Sein Streitroß ist von Leder,
papieren Hut und Feder;
sein Säbel ist von Blech,
er selber kühn und frech.
Dort kommt er an mit Schnaufen:
Kamrad, nun laß uns laufen,
sonst bringt er uns noch um,
der General Bumbum!

Heinrich Seidel

BETTELMANNS HOCHZEIT

Widele, wedele,
hinterm Städtele
hält der Bettelmann Hochzeit.
Pfeifet das Mäusele,
tanzt das Läusele,
schlägt das Igele Trommel.
Alle Tiere,
die Wedele haben,
sollen zur Hochzeit kommen.
Widele, wedele,
hinterm Städtele,
hält der Bettelmann Hochzeit.

Volkslied

ZWEI MÄULCHEN

Winkele, wankele,
vor der Tür steht ein Bankele,
auf der Bank sitzt mein Kindele,
spielt mit mei'm Hündele,
winkele, wankele.

Winkele, wankele,
ich hab ein Gedankele:
ein Äpfle fürs Kindele,
ein Knöchle fürs Hündele.
Dankele.

Paula Dehmel

DIE MÄR VON EINER NACHTIGALL

Der Glöckner ist die Fledermaus;
die sitzt im dunklen Glockenhaus
und läutet traurig bim, bam, bem,
damit ein jeder es vernehm:
»Man fand im sanften Abendrot
das liebste, beste Vöglein tot,
die liebe, süße Nachtigall
mit ihrem Frühlingszauberschall
in dunklen, grünen Zweigen!« – –

Die Leichenbitter Huhn und Hahn
durchziehen mit der Trauerfahn
das Land und haben's kundgemacht:
»Die Teure wird ins Grab gebracht!«
Da klagten alle Vöglein sehr:
»Wie traurig! Ach, nun singt nicht mehr
die liebe, süße Nachtigall
mit ihrem Frühlingszauberschall
in dunklen, grünen Zweigen!« – –

Die Dohle, welche Küster war,
stellt drauf zurecht die Totenbahr
im schönen, duft'gen Blumenhain,
bei Sternenglanz und Mondenschein,
wo sonst wohl Tag und Nächte lang
zu aller Freude herrlich sang
die liebe, süße Nachtigall
mit ihrem Frühlingszauberschall
in dunklen, grünen Zweigen! – –

Die Schwalbe mit dem Schnäblein fein
macht schnell ein Totenhemdelein;
»Mit ihm wirst, Teure, du geschmückt,
die Ohr und Herz uns oft entzückt,
die alle Tage früh und spat
so köstlich stets gesungen hat,
du liebe, süße Nachtigall
mit deinem Frühlingszauberschall
in dunklen, grünen Zweigen!« – –

Das Täubchen mit dem weißen Kleid
weint bitterlich vor Herzeleid.
Sie bricht sich Blüten, bindet draus
als Jungfrau einen duft'gen Strauß.
»Ich brech die Blümchen alle ab,
zu schmücken bald das frühe Grab
der lieben, süßen Nachtigall
mit ihrem Frühlingszauberschall
in dunklen, grünen Zweigen!« – –

Die Lerche mußte Bote sein;
im frühen, gold'nen Sonnenschein
steigt sie empor zu Himmelshöh'n,
den Segen droben zu erfleh'n.
»Habt, gute Englein, Mitleid doch!
O lebte meine Schwester noch,
die liebe, süße Nachtigall
mit ihrem Frühlingszauberschall
in dunklen, grünen Zweigen!« – –

Das Meislein fliegt bald auch herzu,
hin ist der Armen Herzensruh.
»Ich tue gern die letzte Pflicht
und zünde an das Kerzenlicht,
damit erhellt der dunkle Raum,
wo sie jetzt träumt den Himmelstraum,
die liebe, süße Nachtigall
mit ihrem Frühlingszauberschall
in dunklen, grünen Zweigen!« – –

Die Eule hat die Totenwacht,
sie sieht ja hell in dunkler Nacht;
sie sitzt so ernst, der Trauer Bild,
wobei ihr manche Trän entquillt.
»Ich hab als Räuber hier gewohnt,
doch dich hab immer ich geschont,
dich, liebe, süße Nachtigall
mit deinem Frühlingszauberschall
in dunklen, grünen Zweigen!« – –

Die Ente muß der Kehrer sein;
sie macht gar schnell die Wege rein,
damit, wenn man zu Grab sie trägt,
die Bahn dahin auch rein gefegt. –
»Ich tu es gern zu Ehren dir,
du warst der Sänger schönste Zier,
du liebe, süße Nachtigall
mit deinem Frühlingszauberschall
in dunklen, grünen Zweigen!« – –

Im schwarzen Kleid der alte Rab
gräbt für die Teure schon das Grab,
wobei er, schmerzlich krächzend, ruft:
»Ich grabe dir die kühle Gruft!
Und decke morgen ich dich zu,
dann schlafe sanft in ew'ger Ruh,
du liebe, süße Nachtigall
mit deinem Frühlingszauberschall
in dunklen, grünen Zweigen!« – –

Die Gänse gehen Schritt vor Schritt
in einer Reih zur Leiche mit,
sie stellen selbst ihr Schnattern ein
und weinen Tränen hell und rein.
»Wir bringen dich zur Ruhestatt,
dich, die zu früh geendet hat,
dich, liebe, süße Nachtigall
mit deinem Frühlingszauberschall
in dunklen, grünen Zweigen!« – –

Das Kreuz, das hat der Specht gemacht
und hat es traurig hingebracht
zum Friedhof, wo das Grab bereit;
er setzt's mit bittrem Herzeleid. –
»Das Kreuz macht mir so großen Schmerz,
weil es für dich, du golden Herz,
für dich, du liebste Nachtigall
mit deinem Frühlingszauberschall
in dunklen, grünen Zweigen!« – –

Rotkehlchen fehlet gleichfalls nicht,
bringt Rosen und Vergißmeinnicht
und pflanzt sie sauber auf das Grab,
in das man senkte sie hinab. –
»Und wenn man dich auch hier begräbt,
dein Bild uns stets im Herzen lebt,
du liebste, süße Nachtigall
mit deinem Frühlingszauberschall
in dunklen, grünen Zweigen!« – –

Der Dompfaff, Pastor, räuspert sich
und spricht am Grabe feierlich:
»Du warst so gut, du warst so brav,
drum, liebes Vöglein, ruhig schlaf! –
Du sangst so herrlich, sangst so süß,
nun singe fort im Paradies,
du liebe, süße Nachtigall
mit deinem Frühlingszauberschall
in dunklen, grünen Zweigen!« – –

Doch wer hat schuld an Vögleins Tod?
Wer hat geschaffen diese Not? –
Ich nenne laut den Namen nicht,
ein Knabe warf's – ein Bösewicht!! –
»Kind, tu dem Vöglein nichts zuleid,
Gott schuf sie ja zur Freudigkeit,
die liebe, süße Nachtigall
mit ihrem Frühlingszauberschall
in dunklen, grünen Zweigen!« – –

Gustav Süs

KINDERPREDIGT

Ein Huhn und ein Hahn,
die Predigt geht an,
ein Kuh und ein Kalb,
die Predigt ist halb,
ein Katz und ein Maus,
die Predigt ist aus,
geht alle nach Haus
und haltet ein Schmaus.
Habt ihr was, so eßt es,
habt ihr nichts, vergeßt es,
habt ihr ein Stückchen Brot,
so teilt es mit der Not,
und habt ihr noch ein Brosämlein,
so streuet es den Vögelein.

Aus »Des Knaben Wunderhorn«

AUF EINEM BAUM EIN KUCKUCK

Auf einem Baum ein Kuckuck –
simsaladim bamba saladu saladim –
auf einem Baum ein Kuckuck saß.

Da kam ein junger Jägers –
simsaladim bamba saladu saladim –
da kam ein junger Jägersmann.

Der schoß den armen Kuckuck –
simsaladim bamba saladu saladim –
der schoß den armen Kuckuck tot.

Und als ein Jahr vergangen –
simsaladim bamba saladu saladim –
und als ein Jahr vergangen war,

da war der Kuckuck wieder –
simsaladim bamba saladu saladim –
da war der Kuckuck wieder da.

Volkslied

ADE MAMA! ADE!

Ade Mama! Ade!
Wir fahren in die See,
wir fahren nach Amerika,
in sieben Wochen sind wir da.

Ich bin fürwahr ein Steuermann,
wie man sich einen suchen kann;
nur müßt ihr nicht so wippen,
sonst komm ich in die Klippen.

Die Liesel nimmt für uns vom Land
ein Körbchen voll von Proviant:
fünf Birnen und ein Butterbrot –
da quält uns keine Hungersnot.

Und Gretel, unser Passagier,
die fängt uns frische Flundern hier.
Zieh nur die Händchen auf's Verdeck,
sonst schnappt sie dir ein Haifisch weg!

Das sind doch keine Enten da?
Bedenk doch: bei Amerika!
Die eine ist ein wilder Schwan,
die andere gar ein Pelikan.

Das Vollschiff wackelt hin und her;
der Gretel wird der Kopf schon schwer;
die See scheint heute sehr bewegt –
wenn uns nur nicht ein Sturm verschlägt!

Zum Glück winkt schon ein Leuchtturm dort
von einem nahen Inselport;
wenn dort nur nicht – o Grausen! –
die Menschenfresser hausen.

O weh, das Schiff geht gar zu schief!
Und ist das Meer nicht gar zu tief,
so wär es mir doch lieber,
wir wateten hinüber.

Du, Liesel, rett den Passagier,
den Proviant laß lieber hier;
daß der auch wird »geborgen« –
das will ich schon besorgen.

EIN MÄNNLEIN STEHT IM WALDE GANZ STILL UND STUMM

Ein Männlein steht im Walde ganz still und stumm.
Es hat von lauter Purpur ein Mäntlein um.
Sagt, wer mag das Männlein sein,
das da steht im Wald allein
mit dem purpurroten Mäntelein?

Das Männlein steht im Walde auf einem Bein
und hat auf seinem Haupte schwarz Käpplein klein.
Sagt, wer mag das Männlein sein,
das da steht im Wald allein
mit dem kleinen schwarzen Käppelein?

August Heinrich
Hoffmann von Fallersleben

DAS ROTKÄPPCHEN

Es war einmal ein gar allerliebstes, niedliches Ding von einem Mädchen, das hatte eine Mutter und eine Großmutter, die waren gar gut und hatten das kleine Ding so lieb. Die Großmutter absonderlich, die wußte gar nicht, wie gut sie's mit dem Enkelchen meinen sollte, schenkt' ihm immer dies und das und hatte ihm auch ein feines Käppchen von rotem Sammet geschenkt, das stand dem Kind so überaus hübsch, und das wußte auch das kleine Mädchen und wollte nichts andres mehr tragen, und darum hieß es bei Alt und Jung nur das Rotkäppchen. Mutter und Großmutter wohnten aber nicht beisammen in einem Häuschen, sondern eine halbe Stunde voneinander, und zwischen den beiden Häusern lag ein Wald.

Da sprach eines Morgens die Mutter zum Rotkäppchen: »Liebes Rotkäppchen, Großmutter ist schwach und krank geworden und kann nicht zu uns kommen. Ich habe Kuchen gebacken, geh und bringe Großmutter von dem Kuchen und auch eine Flasche Wein und grüße sie recht schön von mir und sei recht vorsichtig, daß du nicht fällst und etwa die Flasche zerbrichst, sonst hätte die kranke Großmutter nichts. Laufe nicht im Walde herum, bleibe hübsch auf dem Wege und bleibe auch nicht zu lange aus.«

»Das will ich alles so machen, wie du befiehlst, liebe Mutter«, antwortete Rotkäppchen, band ihr Schürzchen um, nahm einen leichten Korb, in den es die Flasche und den Kuchen von der Mutter legen ließ, und ging fröhlichen Schrittes in den Wald hinein. Wie es so völlig arglos dahin wandelte, kam ein Wolf daher. Das gute Kind kannte noch keine Wölfe und hatte keine Furcht. Als der Wolf näher kam, sagte er: »Guten Tag, Rotkäppchen!« – »Schönen Dank, Herr Graubart!« – »Wo soll es denn hingehen so in aller Frühe, mein liebes Rotkäppchen?« fragte der Wolf. »Zur alten Großmutter, die nicht wohl ist!« antwortete Rotkäppchen. »Was willst du denn dort machen? Du willst ihr wohl was bringen?« – »Ei freilich, wir haben Kuchen gebacken, und Mutter hat mir auch Wein mitgegeben, den soll sie trinken, damit sie wieder stark wird.«

»Sage mir doch noch, mein liebes charmantes Rotkäppchen, wo wohnt denn deine Großmutter? Ich möchte wohl einmal, wenn ich an ihrem Hause vorbeikomme, ihr meine Hochachtung an den Tag legen«, fragte der Wolf.

»Ei, gar nicht weit von hier, ein Viertelstündchen, da steht ja das Häuschen gleich am Walde, Ihr müßt ja daran vorbeigekommen sein. Es stehen Eichenbäume dahinter, und am Gartenzaun wachsen Haselnüsse!« plauderte das Rotkäppchen.

O du allerliebstes, appetitliches Haselnüßchen du – dachte bei sich der falsche böse Wolf. Dich muß ich knacken, das ist einmal ein süßer Kern. – Und tat, als wolle er Rotkäppchen noch ein Stückchen begleiten, und sagte zu ihm: »Sieh nur, wie da drüben und dort drüben so schöne Blumen stehen, und horch nur, wie allerliebst die Vögel singen! Ja, es ist sehr schön im Walde, sehr schön, und wachsen so gute Kräuter hierinne, Heilkräuter, mein liebes Rotkäppchen.«

»Ihr seid gewiß ein Doktor, werter grauer Herr?« fragte Rotkäppchen, »weil Ihr die Heilkräuter kennt. Da könntet Ihr mir ja auch ein Heilkraut für meine kranke Großmutter zeigen!«

»Du bist ein ebenso gutes als kluges Kind!« lobte der Wolf. »Ei, freilich bin ich ein Doktor und kenne alle Kräuter, siehst du! Hier steht gleich eins, der Wolfsbast, dort im Schatten wachsen die Wolfsbeeren, und hier am sonnigen Rain blüht die Wolfsmilch, dort drüben findet man die Wolfswurz.« –

»Heißen denn alle Kräuter nach dem Wolf?« fragte Rotkäppchen.

»Die besten, nur die besten, mein liebes, frommes Kind!« sprach der Wolf mit rechtem Hohn. Denn alle, die er genannt, waren Giftkräuter. Rotkäppchen aber wollte in ihrer Unschuld der Großmutter solche Kräuter als Heilkräuter pflücken und mitbringen, und der Wolf sagte:

»Lebewohl, mein gutes Rotkäppchen, ich habe mich gefreut, deine Bekanntschaft zu machen; ich habe Eile, muß eine alte schwache Kranke besuchen!«

Und damit eilte der Wolf von dannen und spornstreichs nach dem Hause der Großmutter, während das Rotkäppchen sich schöne Waldblumen zum Strauße pflückte und die vermeintlichen Heilkräuter sammelte.

Als der Wolf an das Häuschen der Großmutter des Rotkäppchens kam, fand er es verschlossen und klopfte an. Die Alte konnte nicht vom Bette aufstehen und nachsehen, wer da sei, und rief: »Wer ist draußen?«

»Das Rotkäppchen!« rief der Wolf mit verstellter Stimme. »Die Mutter schickt der guten Großmutter Wein und auch Kuchen! Wir haben gebakken!«

»Greife unten durch das Loch in der Türe, da liegt der Schlüssel!« rief die Alte, und der Wolf tat also, öffnete die Türe, trat in das Häuschen, in das Stübchen und verschlang die Großmutter ohne weiteres – zog ihre Kleider an, legte sich in ihr Bett und zog die Decke über sich her und die

Bettvorhänge zu. Nach einer Weile kam das Rotkäppchen; es war sehr verwundert, alles so offen zu finden, da doch sonst die Großmutter sich selbst gern unter Schloß und Riegel hielt, und wurd ihm schier bänglich um das junge Herzchen.

Wie das Rotkäppchen nun an das Bett trat, da lag die alte Großmutter, hatte eine große Schlafhaube auf, und war nur wenig von ihr zu sehen, und das wenige sah gar schrecklich aus. »Ach Großmutter, was hast du so große Ohren?« rief das Rotkäppchen. – »Daß ich dich damit gut hören

kann!« war die Antwort. – »Ach Großmutter! Was hast du für große Augen!« – »Daß ich dich damit gut sehen kann!« – »Ei, Großmutter, was hast du für haarige große Hände!« – »Daß ich dich damit gut fassen und halten kann!« – »Ach Großmutter, was hast du für ein so großes Maul und so lange Zähne!« – »Daß ich dich damit gut fressen kann!« Und damit fuhr der ganze Wolf grimmig aus dem Bette heraus und fraß das arme Rotkäppchen. Weg war's.

Jetzt war der Wolf sehr satt, und es gefiel ihm sehr im Stübchen der Alten und in dem weichen Bett, und legte sich wieder hin und schlief ein und schnarchte, daß es klang, als schnarre ein Räderwerk in einer Mühle.

Zufällig kam ein Jäger vorbei, der hörte das seltsame Geräusch und dachte: Ei, ei, die arme alte Frau da drinnen hat einen bösen Schnarcher am Leib, sie röchelt wohl gar und liegt im Sterben! Du mußt hinein und nachsehen, was mit ihr ist. – Gedacht, getan; der Jäger ging in das Häuschen, da fand er den Herrn Isegrimm im Bette der Alten liegen, und die Alte war nirgends zu erblicken. »Bist du da?« sprach der Jäger und riß die Kugelbüchse von der Schulter. »Komm du her, du bist mir oft genug entlaufen!« – Schon legte er an – da fiel ihm ein: Halt – die Alte ist nicht da, am Ende hat der Unhold sie mit Haut und Haar verschlungen, war ohnedies nur ein kleines dürres Weiblein. Und da schoß der Jäger nicht, sondern er zog seinen scharfen Hirschfänger und schlitzte ganz sanft dem fest schlafenden Wolf den Bauch auf, da guckte ein rotes Käppchen heraus, und unter dem Käppchen war ein Köpfchen, und da kam das niedliche allerliebste Rotkäppchen heraus und sagte: »Guten Morgen! Ach, was war das für ein dunkles Kämmerchen da drinnen!« – Und hinter dem Rotkäppchen zappelte die alte Großmutter, die war auch noch lebendig, vielen Platz hatten sie aber nicht gehabt im Wolfsbauch. – Der Wolf schlief noch immer steinfest, und da nahmen sie Steine, gerade wie die alte Geiß im Märchen von den sieben Geißlein, füllten sie dem Wolf in den Bauch und nähten den Ranzen zu, hernach versteckten sie sich, und der Jäger trat hinter einen Baum, zu sehen, was der Wolf endlich anfangen werde. Jetzt wachte der Wolf auf, machte sich aus dem Bett heraus, aus dem Stübchen, aus dem Häuschen und humpelte zum Brunnen, denn er hatte großen Durst. Unterwegs sagte er: »Ich weiß gar nicht, ich weiß gar nicht, in meinem Bauch wackelt's hin und her, hin und her, wie Wackelstein – sollten das die Großmutter und Rotkäppchen sein?« – Und wie er an den Brunnen kam und trinken wollte, da zogen ihn die Steine, und er bekam das Übergewicht und fiel hinein und ertrank. So sparte der Jäger seine Kugel; er zog den Wolf aus dem Brunnen und zog ihm den Pelz ab, und alle drei, der Jäger, die Großmutter und das Rotkäppchen, tranken den Wein und aßen den Kuchen und waren seelenvergnügt, und die Großmutter wurde wieder frisch und gesund, und Rotkäppchen ging mit ihrem leeren Körbchen nach Hause und dachte: Du willst niemals wieder vom Wege ab und in den Wald gehen, wenn es dir die Mutter verboten hat.

Ludwig Bechstein

LIESCHEN

Lieschen, was fällt dir ein,
so ein Gesicht zu machen?
Laß doch das Brummen sein;
komm, laß uns lachen.
Lieschen, komm in den Reihn,
mußt mit uns singen,
darfst nicht mehr böse sein,
komm, laß uns springen.
Weißt du nicht, wie man springt?
Ei, auf zwei Beinen,
trideldei hopsasa,
ei, auf zwei Beinen.

ES TANZT EIN BIBABUTZEMANN

Es tanzt ein Bibabutzemann
in unserm Haus herum didum,
es tanzt ein Bibabutzemann
in unserm Haus herum.
Er rüttelt sich, er schüttelt sich,
er wirft sein Säckchen hinter sich.
Er rüttelt sich, er schüttelt sich,
er wirft sein Säckchen hinter sich.
Es tanzt ein Bibabutzemann
in unserm Haus herum.

Aus »Des Knaben Wunderhorn«

DAS BUCKLICHE MÄNNLEIN

Will ich in mein Gärtlein gehn,
will mein Zwiebeln gießen,
steht ein bucklicht Männlein da,
fängt als an zu niesen.

Will ich in mein Küchel gehn,
will mein Süpplein kochen,
steht ein bucklicht Männlein da,
hat mein Töpflein brochen.

Will ich in mein Stüblein gehn,
will mein Müslein essen,
steht ein bucklicht Männlein da,
hat's schon halber gessen.

Will ich auf mein Boden gehn,
will mein Hölzlein holen,
steht ein bucklicht Männlein da,
hat mir's halber gstohlen.

Will ich in mein Keller gehn,
will mein Weinlein zapfen,
steht ein bucklicht Männlein da,
tut mir'n Krug wegschnappen.

Setz ich mich ans Rädlein hin,
will mein Fädlein drehen,
steht ein bucklicht Männlein da,
läßt mir's Rad nicht gehen.

Geh ich in mein Kämmerlein,
will mein Bettlein machen,
steht ein bucklicht Männlein da,
fängt als an zu lachen.

Wenn ich an mein Bänklein knie,
will ein bißlein beten,
steht ein bucklicht Männlein da,
fängt als an zu reden:

»Liebes Kindlein, ach, ich bitt,
bet fürs bucklicht Männlein mit!«

Aus »Des Knaben Wunderhorn«

MUHME REHLEN

Muhme Rehlen hat 'n Garten,
und es ist ein Wundergarten!
In dem Garten steht ein Haus,
und es ist ein Wunderhaus!
In dem Hause steht ein Tisch,
und es ist ein Wundertisch!
Auf dem Tische liegt ein Buch,
und es ist ein Wunderbuch!
In dem Buche steht geschrieben:
Du sollst deine Eltern lieben!

DER KLEINE DÄUMLING

Es war einmal ein armer Korbmacher, der hatte mit seiner Frau sieben Jungen, da war immer einer kleiner als der andere, und der jüngste war bei seiner Geburt nicht viel über Fingers Länge, daher nannte man ihn Däumling. Zwar ist er hernach noch in etwas gewachsen, doch nicht gar zu sehr, und den Namen Däumling hat er behalten. Doch war es ein gar kluger und pfiffiger kleiner Knirps, der an Gewandtheit und Schlauheit seine Brüder alle in den Sack steckte.

Den Eltern ging es erst gar übel, denn Korbmachen und Strohflechten ist keine so nahrhafte Profession wie Semmelbacken und Kälberschlachten, und als vollends eine teure Zeit kam, wurde dem armen Korbmacher und seiner Frau himmelangst, wie sie ihre sieben Würmer satt machen sollten, die alle mit äußerst gutem Appetit gesegnet waren. Da beratschlagten eines Abends, als die Kinder zu Bette waren, die beiden Eltern miteinander, was sie anfangen wollten, und wurden Rates, die Kinder mit in den Wald zu nehmen, wo die Weiden wachsen, aus denen man Körbe flicht, und sie heimlich zu verlassen. Das alles hörte der Däumling an, der nicht schlief wie seine Brüder, und schrieb sich der Eltern übeln Ratschlag hinter die Ohren. Simulierte auch die ganze Nacht, da er vor Sorge doch kein Auge zutun konnte, wie er es machen sollte, sich und seinen Brüdern zu helfen.

Früh morgens lief der Däumling an den Bach, suchte die kleinen Taschen voll weiße Kiesel und ging wieder heim. Seinen Brüdern sagte er von dem, was er erhorcht hatte, kein Sterbenswörtchen. Nun machten sich die Eltern auf in den Wald, hießen die Kinder folgen, und der Däumling ließ ein Kieselsteinchen nach dem andern auf den Weg fallen, das sah niemand, weil er, als der jüngste, kleinste und schwächste, stets hintennach trottelte. Das wußten die Alten schon nicht anders.

Im Wald machten sich die Alten unvermerkt von den Kindern fort, und auf einmal waren sie weg. Als das die Kinder merkten, erhoben sie allzumal, Däumling ausgenommen, ein Zetergeschrei. Däumling lachte und sprach zu seinen Brüdern: »Heult und schreit nicht so jämmerlich! Wollen den Weg schon allein finden.« Und nun ging Däumling voran und nicht hinterdrein, und richtete sich genau nach den weißen Kieselsteinchen, fand auch den Weg ohne alle Mühe.

Als die Eltern heimkamen, bescherte ihnen Gott Geld ins Haus; eine alte Schuld, auf die sie nicht mehr gehofft hatten, wurde von einem Nachbarn an sie abbezahlt, und nun wurden Eßwaren gekauft, daß sich der Tisch bog. Aber nun kam auch das Reuelein, daß die Kinder verstoßen worden waren, und die Frau begann erbärmlich zu lamentieren: »Ach, du

lieber, allerlieber Gott! Wenn wir doch die Kinder nicht im Wald gelassen hätten! Ach, jetzt könnten sie sich dicksatt essen, und so haben die Wölfe sie vielleicht schon im Magen! Ach, wären nur unsre liebsten Kinder da!« – »Mutter, da sind wir ja!« sprach ganz geruhig der kleine Däumling, der bereits mit seinen Brüdern vor der Türe angelangt war und die Wehklage gehört hatte; öffnete die Türe, und herein trippelten die kleinen Korbmacher – eins, zwei, drei, vier, fünf, sechs, sieben. Ihren guten Appetit hatten sie wieder mitgebracht, und daß der Tisch so reichlich gedeckt war, war ihnen ein gefundenes Essen. Die Herrlichkeit war groß, daß die Kinder wieder da waren, und es wurde, so lange das Geld reichte, in Freuden gelebt, dies ist armer Handarbeiter Gewohnheit.

Nicht gar lange währte es, so war in des Korbmachers Hütte Schmalhans wieder Küchenmeister, und ein Kellermeister mangelte ohnehin, und es erwachte aufs neue der Vorsatz, die Kinder im Walde ihrem Schicksal zu überlassen. Da der Plan wieder als lautes Abendgespräch zwischen Vater und Mutter verhandelt wurde, so hörte auch der kleine Däumling alles, das ganze Gespräch, Wort für Wort, und nahm sich's zu Herzen.

Am andern Morgen wollte Däumling abermals aus dem Häuschen schlüpfen, Kieselsteine aufzulesen, aber o weh, da war's verriegelt, und Däumling war viel zu klein, als daß er den Riegel hätte erreichen können, da gedachte er sich anders zu helfen. Wie es fort ging zum Walde, steckte Däumling Brot ein und streute davon Krümchen auf den Weg, meinte, ihn dadurch wieder zu finden.

Alles begab sich wie das erstemal, nur mit dem Unterschied, daß Däumling den Heimweg nicht fand, dieweil die Vögel alle Krümchen rein aufgefressen hatten. Nun war guter Rat teuer, und die Brüder machten ein Geheul in dem Walde, daß es zum Steinerbarmen war. Dabei tappten sie durch den Wald, bis es ganz finster wurde, und fürchteten sich über die Maßen, bis auf Däumling, der schrie nicht und fürchtete sich nicht. Unter dem schirmenden Laubdach eines Baumes auf weichem Moos schliefen die sieben Brüder, und als es Tag war, stieg Däumling auf einen Baum, die Gegend zu erkunden. Erst sah er nichts als eitel Waldbäume, dann aber entdeckte er das Dach eines kleinen Häuschens, merkte sich die Richtung, rutschte vom Baume herab und ging seinen Brüdern tapfer voran. Nach manchem Kampf mit Dickicht, Dornen und Disteln sahen alle das Häuschen durch die Büsche blicken und schritten guten Mutes darauf los, klopften auch ganz bescheidentlich an der Türe an. Da trat eine Frau heraus, und Däumling bat gar schön, sie doch einzulassen, sie hätten sich verirrt und wüßten nicht, wohin? Die Frau sagte: »Ach, ihr armen Kinder!« und ließ den Däumling mit seinen Brüdern eintreten, sagte ihnen aber auch gleich, daß sie im Hause des Menschenfressers wären, der besonders gern die kleinen Kinder fräße. Das war eine schöne Zuversicht! Die Kinder zitterten wie Espenlaub, als sie dieses hörten, hätten gern lieber selbst etwas zu essen gehabt und sollten nun statt dessen gegessen werden. Doch die Frau war gut und mitleidig, verbarg die Kinder und gab ihnen auch etwas zu essen. Bald darauf hörte man Tritte, und es klopfte stark an der Türe; das war kein andrer als der heimkehrende Menschenfresser. Dieser setzte sich an den Tisch zur Mahlzeit, ließ Wein auftragen und schnüffelte, als wenn er etwas röche, dann rief er seiner Frau zu: »Ich wittre Menschenfleisch!« Die Frau wollte es ihm ausreden, aber er ging seinem Geruch nach und fand die Kinder. Die waren ganz hin vor Entsetzen. Schon wetzte er sein langes Messer, die Kinder zu schlachten, und nur allmählich gab er den Bitten seiner Frau nach, sie noch ein wenig am Leben zu lassen und aufzufüttern, weil sie doch gar zu dürr seien, besonders der kleine Däumling. So ließ der böse Mann und Kinderfresser sich endlich beschwichtigen. Die Kinder wurden zu Bette gebracht, und zwar in derselben Kammer, wo ebenfalls in einem großen Bette Menschenfressers sieben Töchter schliefen, die so alt waren wie die sieben Brüder. Sie waren von Angesicht sehr häßlich, jede hatte aber ein goldenes Krönlein auf dem Haupte. Das alles war der Däumling gewahr geworden, machte sich ganz still aus dem Bette, nahm seine und seiner Brüder Nachtmützen, setzte diese Menschenfressers Töchtern auf und deren Krönlein sich und seinen Brüdern.

Der Menschenfresser trank vielen Wein, und da kam ihn seine böse Lust wieder an, die Kinder zu morden, nahm sein Messer und schlich sich in die Schlafkammer, wo sie schliefen, willens, ihnen die Hälse abzuschneiden. Es war aber stockdunkel in der Kammer, und der Menschenfresser tappte blind umher, bis er an ein Bett stieß, und fühlte nach den Köpfen der darin Schlafenden. Da fühlte er die Krönchen und sprach: »Halt da! Das sind deine Töchter. Bald hättest du betrunkenes Schaf einen Eselsstreich gemacht!«

Nun tappelte er nach dem andern Bette, fühlte da die Nachtmützen und schnitt seinen sieben Töchtern die Hälse ab, einer nach der andern. Dann legte er sich nieder und schlief seinen Rausch aus. Wie der Däumling ihn schnarchen hörte, weckte er seine Brüder, schlich sich mit ihnen aus dem Hause und suchte das Weite. Aber wie sehr sie auch eilten, so wußten sie doch weder Weg noch Steg und liefen in der Irre herum voll Angst und Sorge, nach wie vor.

Als der Morgen kam, erwachte der Menschenfresser und sprach zu seiner Frau: »Geh und richte die Krabben zu, die gestrigen!« Sie meinte, sie sollte die Kinder nun wecken, und ging voll Angst um sie hinauf in die Kammer. Welch ein Schrecken für die Frau, als sie nun sah, was geschehen war; sie fiel gleich in Ohnmacht über diesen schrecklichen Anblick, den sie da hatte. Als sie nun dem Menschenfresser zu lange

blieb, ging er selbst hinauf, und da sah er, was er angerichtet hatte. Seine Wut, in die er geriet, ist nicht zu beschreiben. Jetzt zog er die Siebenmeilenstiefel an, die er hatte, das waren Stiefel, wenn man damit sieben Schritte tat, so war man eine Meile gegangen, das war nichts Kleines. Nicht lange, so sahen die sieben Brüder ihn von weitem über Berg und Täler schreiten und waren sehr in Sorgen, doch Däumling versteckte sich mit ihnen in der Höhlung eines großen Felsens. Als der Menschenfresser an diesen Felsen kam, setzte er sich darauf, um ein wenig zu ruhen, weil er müde geworden war, und bald schlief er ein und schnarchte, daß es war, als brause ein Sturmwind. Wie der Menschenfresser so schlief und schnarchte, schlich sich Däumling hervor wie ein Mäuschen aus seinem Loch und zog ihm die Meilenstiefel aus und zog sie selber an. Zum Glück hatten diese Stiefel die Eigenschaft, an jeden Fuß zu passen, wie angemessen und angegossen. Nun nahm er an jede Hand einen seiner Brüder, diese faßten wieder einander an den Händen, und so ging es, hast du nicht gesehen, mit Siebenmeilenstiefelschritten nach Hause. Da waren sie alle willkommen, Däumling empfahl seinen Eltern, ein sorglich Auge auf die Brüder zu haben, er wolle nun mit Hilfe der Stiefel schon selbst für sein Fortkommen sorgen, und als er das kaum gesagt, so tat er einen Schritt, und er war schon weit fort, noch einen, und er stand über eine halbe Stunde auf einem Berg, noch einen, und er war den Eltern und Brüdern aus den Augen.

Nach der Hand hat der Däumling mit seinen Stiefeln sein Glück gemacht und viele große und weite Reisen, hat vielen Herren gedient, und wenn es ihm wo nicht gefallen hat, ist er spornstreichs weitergegangen. Kein Verfolger zu Fuß noch zu Pferd konnte ihn einholen, und seine Abenteuer, die er mit Hilfe seiner Stiefel bestand, sind nicht zu beschreiben.

Ludwig Bechstein

WIE HANSEL UND GRETEL BIRN SCHÜTTELN

Spannenlanger Hansel,
nudeldicke Dirn,
gehn wir in den Garten,
schütteln wir die Birn.

Schüttle ich die großen,
schüttelst du die klein',
wenn das Säckle voll ist,
gehn wir wieder heim.

IN MUTTERS STÜBELI

In Mutters Stübeli, da geht der hm, hm, hm,
in Mutters Stübeli, da geht der Wind.
Ich muß erfrieren drin mit meinem hm, hm, hm,
ich muß erfrieren drin mit meinem Kind.

Wenn das die Mutter wüßt, daß ich erfrieren muß,
sie würde grämen sich bis in den Tod.
Ich geh vors Herrenhaus und du vors hm, hm, hm,
ich geh vors Herrenhaus und du vors Tor.

Ich krieg ein Äpfeli und du ein hm, hm, hm,
ich krieg ein Äpfeli und du ein' Birn.
Ich sag: vergelt's euch Gott, und du sagst hm, hm, hm,
ich sag: vergelt's euch Gott, und du sagst: Dank!

Volkslied

Im Baum, im grünen Bettchen,
hoch oben sich ein Apfel wiegt,
der hat so rote Bäckchen,
man sieht's, daß er im Schlafe liegt.

Ein Kind steht unterm Baume,
das schaut und schaut und ruft hinauf:
»Ach, Apfel, komm herunter!
Hör endlich doch mit Schlafen auf.«

Es hat ihn so gebeten,
glaubt ihr, der wäre aufgewacht?
Er rührt sich nicht im Bette,
sieht aus, als ob im Schlaf er lacht.

Da kommt die liebe Sonne
am Himmel hoch daherspaziert. –
»Ach Sonne, liebe Sonne!
Mach du, daß sich der Apfel rührt!«

Die Sonne spricht: »Warum nicht?«
Und wirft ihm Strahlen ins Gesicht,
küßt ihn dazu so freundlich –
der Apfel aber rührt sich nicht.

Nu schau! Da kommt ein Vogel
und setzt sich auf den Baum hinauf.
»Ei, Vogel, du mußt singen,
gewiß, gewiß, das weckt ihn auf!«

Der Vogel wetzt den Schnabel
und singt ein Lied so wundernett,
und singt aus voller Kehle –
der Apfel rührt sich nicht im Bett! –

Und wer kam nun gegangen?
Es war der Wind, den kenn ich schon,
der küßt nicht und der singt nicht,
der pfeift aus einem andern Ton.

Er stemmt in beide Seiten
die Arme, bläst die Backen auf
und bläst und bläst, und richtig –
der Apfel wacht erschrocken auf.

Und springt vom Baum herunter
grad in die Schürze von dem Kind,
das hebt ihn auf und freut sich
und ruft: »Ich danke schön, Herr Wind!«

Robert Reinick

D'BÄURE HOT D'KATZ VERLORN, WEISS NET WO'S ISCH

D'Bäure hot d'Katz verlorn, weiß net wo's isch;
se suacht älle Winkele aus: »Mulle, Mulle, wo bisch?«
Se suacht älle Winkele aus: »Mulle, Mulle, wo bisch?«

Im Höfle, im Gärtle, was jammert se schwer:
»O Mulle, liebs Mulle, so gang mr doch her!
O Mulle, liebs Mulle, so gang mr doch her!

I koch dir a Süpple, tua Brocka dreinei.
O Mulle, liebs Mulle, komm doch wieder heim!
O Mulle, liebs Mulle, komm doch wieder heim!«

Was fällt jetzt dr Bäure ganz siedigheiß ei?
Dort oba, aufm Boda, im Heu drin könnt's sei!
Dort oba, aufm Boda, im Heu drin könnt's sei!

Se steiget herzklopfet am Leiterle nauf,
ka's fast et verschnaufa, macht's Falltürle auf;
ka's fast et verschnaufa, macht's Falltürle auf.

Guckt eine, guckt auße, jetzt horch wie se lacht:
»Potztausig, mei Mulle, a Schläfle hot's gmacht!
Potztausig, mei Mulle, a Schläfle hot's gmacht!

Jetzt, daß de hao gfonda, bin i aber froh,
o Mulle, liebs Mulle, jetzt bisch wieder do;
o Mulle, liebs Mulle, jetzt bisch wieder do!«

Schwäbisches Volkslied

KÄTZCHEN

Kätzchen, nun müßt ihr auch Namen haben,
jedes nach seiner Kunst und Gaben:
Sammetfell heiß ich dich,
jenes dort Leiseschlich,
dieses da Fangemaus,
aber dich Töpfchenaus.

Und sie wurden gar schön und groß;
Sammetfell saß gern auf dem Schoß,
unter das Dach stieg Fangemaus,
Leiseschlich lief in die Scheuer hinaus,
Töpfchenaus sucht in der Küche sein Brot,
machte der Köchin viele Not.

Wilhelm Hey

KATZENGESINDEL

Du Katzengesindel,
was störst du mein Kindel?
Halte hübsch Ruh
und gucke zu
mit klugen Katzenblicken,
wie man einen Strumpf tut stricken.
Sonst mußt du für Geld die Strümpfe kaufen
oder dein Leben lang barfuß laufen.
Aber die kleinen Rangen
studieren das Springen und Fangen.
Mit dem Knäuel fangen sie an,
und wird aus dem Rangen ein Katzenmann,
dann fängt er klug und weise
die Mäuse.

Friedrich Oldenberg

BEIM GÄRTNER

Guten Tag, Herr Gärtnersmann,
haben Sie Lavendel,
Rosmarin und Thymian
und ein wenig Quendel?

Fräulein, ja, das haben wir,
hier in unserm Garten;
wollen Sie so freundlich sein
und ein wenig warten?

Bursche, bring den Sessel her,
mit den goldnen Spitzen;
Fräulein wird wohl müde sein
und ein wenig sitzen.

DAS MÄRCHEN VOM GOLDLAUB

Es war einmal eine arme Witwe, die lebte mit ihren drei kleinen Kindern in einer schlechten Hütte. Sie arbeitete fleißig bei fremden Leuten und verdiente so das Notwendigste zum Leben. Aber einmal, im kalten Herbst, wurde sie krank. »Mutter, gib uns zu essen«, sagten die Kinder und: »Mutter, uns friert!« Aber die Mutter konnte ihnen nicht helfen. Schließlich stand der älteste, der kleine Thomas, von der Bank auf und meinte: »Ich will wenigstens ein wenig dürres Holz im Wald sammeln zum Einschüren.« Und gleich ging er fort und fing damit an. Als er ein großes Bündel Reisig beisammen hatte, setzte er sich für einen Augenblick auf einen Stein und rieb seine kalten Hände.

Da kam auf einmal ein schönes Kind zwischen den Bäumen gegangen und sagte zu Thomas: »Ich will dir helfen. Hier, nimm diesen kleinen Stab. Wenn du damit an einen Baum klopfst, fallen goldene Blätter herunter. Merk dir aber: Wer mehr verlangt, als er braucht, wird gestraft.« Und dann war das schöne Kind verschwunden.

Thomas dachte: »Das muß ein Engel gewesen sein.«

Und dann klopfte er an den nächsten Buchenstamm und sagte:

»Liebes Bäumlein, ich bitte dich,
liebes Bäumlein, schüttle dich!
Laß fallen ein Blättlein hold,
nur ein einziges Blatt aus Gold!«

Und wirklich – es fiel ein Blatt herunter, das war aus reinem Gold. Da sprang Thomas voller Glück damit heim, und von da an war alle Not zu Ende. Aber die Mutter erlaubte nicht, daß mehr Blätter heruntergeholt wurden, als für ein einfaches Leben notwendig waren. Nur armen Leuten zuliebe durfte Thomas hie und da ein Goldblatt extra von einem Baum klopfen.

So vergingen die Jahre, und die Kinder wuchsen heran. Den Leuten im Dorf war der bescheidene Wohlstand im Häuschen der Witwe aufgefallen, und eines Tages beobachtete ein Nichtstuer und Taugenichts, wie Thomas im Wald ein Goldblatt von einer Buche herunterholte. Er sprang auf den erschrockenen Buben zu, riß ihm das Stäbchen aus der Hand und rannte davon. Ehe Thomas ihn einholen konnte, hatte er schon an einen Baum geklopft und gerufen:

»Liebes Bäumlein, schüttle dich,
überdeck mit Golde mich,
laß fallen deine Blätter hold,
nichts will ich als Gold, Gold, Gold!«

»Gold, Gold, Gold!« tönte das Echo zurück. Der Baum verwandelte alle seine Blätter in Gold und ließ sie auf den Burschen herunterfallen, so daß er durch ihre Last erstickt wurde. Thomas konnte ihn nicht mehr retten.

Da kam auch wieder das schöne Kind zwischen den Bäumen hervor und nahm das Stäbchen an sich. »Das Gold, das auf der Erde liegt, gehört euch!« sagte es zu Thomas, und dann war es verschwunden. Nun war die kleine Familie reich für ihr ganzes Leben, aber sie blieben immer bescheiden und hilfsbereit gegen alle Leute.

Franz Graf von Pocci

BRÜDERCHEN, KOMM TANZ MIT MIR

Brüderchen, komm tanz mit mir,
beide Hände reich ich dir.
Einmal hin, einmal her,
rundherum, das ist nicht schwer.

Mit den Händchen, klipp, klipp, klapp,
mit den Füßchen, tripp, tripp, trapp!
Einmal hin, einmal her,
rundherum, das ist nicht schwer.

Mit dem Köpfchen, nick, nick, nick,
mit dem Fingerchen, tick, tick, tick!
Einmal hin, einmal her,
rundherum, das ist nicht schwer.

Engelbert Humperdinck

BRÜDERCHEN UND SCHWESTERCHEN

Brüderchen nahm sein Schwesterchen an der Hand und sprach: »Seit die Mutter tot ist, haben wir keine gute Stunde mehr; die Stiefmutter schlägt uns alle Tage, und wenn wir zu ihr kommen, stößt sie uns mit den Füßen fort. Die harten Brotkrusten, die übrig bleiben, sind unsere Speise, und dem Hündlein unter dem Tisch geht's besser; dem wirft sie doch manchmal einen guten Bissen zu. Daß Gott erbarm, wenn das unsere Mutter wüßte! Komm, wir wollen miteinander in die weite Welt gehen.« Sie gingen den ganzen Tag über Wiesen, Felder und Steine, und wenn es regnete, sprach das Schwesterchen: »Gott und unsere Herzen, die weinen zusammen!« Abends kamen sie in einen großen Wald und waren so müde von Jammer, Hunger und dem langen Weg, daß sie sich in einen hohlen Baum setzten und einschliefen.

Am andern Morgen, als sie aufwachten, stand die Sonne schon hoch am Himmel und schien heiß in den Baum hinein. Da sprach das Brüderchen: »Schwesterchen, mich dürstet, wenn ich ein Brünnlein wüßte, ich ging und tränk einmal; ich mein, ich hört eins rauschen.« Brüderchen stand auf, nahm Schwesterchen an der Hand, und sie wollten das Brünnlein suchen. Die böse Stiefmutter aber war eine Hexe und hatte wohl gesehen, wie die beiden Kinder fortgegangen waren, war ihnen nachgeschlichen, heimlich, wie die Hexen schleichen, und hatte alle Brunnen im Walde verwünscht. Als sie nun ein Brünnlein fanden, das so glitzerig über die Steine sprang, wollte das Brüderchen daraus trinken; aber das Schwesterchen hörte, wie es im Rauschen sprach: »Wer aus mir trinkt, wird ein Tiger, wer aus mir trinkt, wird ein Tiger.« Da rief das Schwesterchen: »Ich bitte dich, Brüderchen, trink nicht, sonst wirst du ein wildes Tier und zerreißest mich.« Das Brüderchen trank nicht, ob es gleich so großen Durst hatte, und sprach: »Ich will warten bis zur nächsten Quelle.« Als sie zum zweiten Brünnlein kamen, hörte das Schwesterchen, wie auch dieses sprach: »Wer aus mir trinkt, wird ein Wolf, wer aus mir trinkt, wird ein Wolf.« Da rief das Schwesterchen: »Brüderchen, ich bitte dich, trink nicht, sonst wirst du ein Wolf und frissest mich.« Das Brüderchen trank nicht und sprach: »Ich will warten, bis wir zur nächsten Quelle kommen, aber dann muß ich trinken, du magst sagen, was du willst, mein Durst ist gar zu groß.« Und als sie zum dritten Brünnlein kamen, hörte das Schwesterlein, wie es im Rauschen sprach: »Wer aus mir trinkt, wird ein Reh, wer aus mir trinkt, wird ein Reh.« Das Schwesterchen sprach: »Ach, Brüderchen, ich bitte dich, trink nicht, sonst wirst du ein Reh und läufst mir fort.« Aber das Brüderchen hatte sich gleich beim Brünnlein niedergekniet, hinabgebeugt und von dem Wasser getrunken, und wie die ersten Tropfen auf seine Lippen gekommen waren, lag es da als ein Rehkälbchen.

Nun weinte das Schwesterchen über das arme verwünschte Brüderchen, und das Rehchen weinte auch und saß so traurig neben ihm. Da sprach das Mädchen endlich: »Sei still, liebes Rehchen, ich will dich ja nimmermehr verlassen.« Dann band es sein goldenes Strumpfband ab und tat es dem Rehchen um den Hals und rupfte Binsen und flocht ein weiches Seil daraus. Daran band es das Tierchen und führte es weiter und ging immer tiefer in den Wald hinein. Und als sie lange, lange gegangen waren, kamen sie endlich an ein kleines Haus, und das Mädchen schaute hinein, und weil es leer war, dachte es: »Hier können wir bleiben und wohnen.« Da suchte es dem Rehchen Laub und Moos zu einem weichen Lager, und jeden Morgen ging es aus und sammelte sich Wurzeln, Beeren und Nüsse, und für das Rehchen brachte es zartes Gras mit, das fraß es ihm aus der Hand, war vergnügt und spielte vor ihm herum. Abends, wenn Schwesterchen müde war und sein Gebet gesagt hatte, legte es seinen Kopf auf den Rücken des Rehkälbchens, das war sein Kissen, darauf es sanft einschlief. Und hätte das Brüderchen nur seine menschliche Gestalt gehabt, es wäre ein herrliches Leben gewesen.

Das dauerte eine Zeitlang, daß sie so allein in der Wildnis waren. Es trug sich aber zu, daß der König des Landes eine große Jagd in dem Wald hielt. Da schallte das Hörnerblasen, Hundegebell und das lustige Geschrei der Jäger durch die Bäume, und das Rehlein hörte es und wäre gar zu gerne dabei gewesen. »Ach«, sprach es zum Schwesterlein, »laß mich hinaus in die Jagd, ich kann's nicht länger mehr aushalten«, und bat so lange, bis es einwilligte. »Aber«, sprach es zu ihm, »komm mir ja abends wieder, vor den wilden Jägern schließ ich mein Türlein; und damit ich dich kenne, so klopf und sprich: ›Mein Schwesterlein, laß mich herein‹; und wenn du nicht so sprichst, so schließ ich mein Türlein nicht auf.« Nun sprang das Rehchen hinaus, und war ihm so wohl und war so lustig in freier Luft. Der König und seine Jäger sahen das schöne Tier und setzten ihm nach, aber sie konnten es nicht einholen, und wenn sie meinten, sie hätten es gewiß, da sprang es über das Gebüsch weg und war verschwunden. Als es dunkel ward, lief es zu dem Häuschen, klopfte und sprach: »Mein Schwesterlein, laß mich herein.« Da ward ihm die kleine Tür aufgetan, es sprang hinein und ruhete sich die ganze Nacht auf seinem weichen Lager aus. Am andern Morgen ging die Jagd von neuem an, und als das Rehlein wieder das Hifthorn hörte und das ho, ho! der Jäger, da hatte es keine Ruhe und sprach: »Schwesterchen, mach mir auf, ich muß hinaus.« Das Schwesterchen öffnete ihm die Türe und sprach: »Aber zu Abend mußt du wieder da sein und dein Sprüchlein sagen.« Als der König und seine Jäger das Rehlein mit dem goldenen Halsband wieder sahen, jagten sie ihm alle nach, aber es war ihnen zu schnell und behend. Das währte den ganzen Tag, endlich aber hatten es die Jäger abends umzingelt, und einer verwundete es ein wenig am Fuß, so daß es hinken mußte und langsam fortlief. Da schlich ihm ein Jäger nach bis zu dem Häuschen und hörte, wie es rief: «Mein Schwesterlein, laß mich herein«, und sah, daß die Tür ihm aufgetan und alsbald wieder zugeschlossen ward. Der Jäger behielt das alles wohl im Sinn, ging zum König und erzählte ihm, was er gesehen und gehört hatte. Da sprach der König: »Morgen soll noch einmal gejagt werden.«

Das Schwesterchen aber erschrak gewaltig, als es sah, daß sein Rehkälbchen verwundet war. Es wusch ihm das Blut ab, legte Kräuter auf und sprach: »Geh auf dein Lager, lieb Rehchen, daß du wieder heil wirst.« Die Wunde aber war so gering, daß das Rehchen am Morgen nichts mehr davon spürte. Und als es die Jagdlust wieder draußen hörte, sprach es: »Ich kann's nicht aushalten, ich muß dabei sein; so bald soll mich keiner kriegen.« Das Schwesterchen weinte und sprach: »Nun werden sie dich töten, und ich bin hier allein im Wald und bin verlassen von aller Welt; ich laß dich nicht hinaus.« – »So sterb ich dir hier vor Betrübnis«, antwortete das Rehchen, »wenn ich das Hifthorn höre, so mein ich, ich müßt aus den Schuhen springen!« Da konnte das Schwesterchen nicht anders und schloß ihm mit schwerem Herzen die Tür auf, und das Rehchen sprang gesund und fröhlich in den Wald. Als es der König erblickte, sprach er zu seinen Jägern: »Nun jagt ihm nach den ganzen Tag bis in die Nacht, aber daß ihm keiner etwas zuleide tut.« Sobald die Sonne untergegangen war, sprach der König zum Jäger: »Nun komm und zeige mir das Waldhäuschen.« Und als er vor dem Türlein war, klopfte er an und rief: »Lieb Schwesterlein, laß mich herein.« Da ging die Tür auf, und der König trat herein, und da stand ein Mädchen, das war so schön, wie er noch keins gesehen hatte. Das Mädchen erschrak, als es sah, daß nicht das Rehlein, sondern ein Mann hereinkam, der eine goldene Krone auf dem Haupt hatte. Aber der König sah es freundlich an, reichte ihm die Hand und sprach: »Willst du mit mir gehen auf mein Schloß und

meine liebe Frau sein?« – »Ach ja«, antwortete das Mädchen, »aber das Rehchen muß auch mit, das verlaß ich nicht.« Sprach der König: »Es soll bei dir bleiben, solange du lebst, und soll ihm an nichts fehlen.« Indem kam es hereingesprungen, da band es das Schwesterchen wieder an das Binsenseil, nahm es selbst in die Hand und ging mit ihm aus dem Waldhäuschen fort.

Der König nahm das schöne Mädchen auf sein Pferd und führte es in sein Schloß, wo die Hochzeit mit großer Pracht gefeiert wurde, und war es nun die Frau Königin, und lebten sie lange Zeit vergnügt zusammen;

das Rehlein ward gehegt und gepflegt und sprang in dem Schloßgarten herum. Die böse Stiefmutter aber, um derentwillen die Kinder in die Welt hineingegangen waren, die meinte nicht anders, als Schwesterchen wäre von den wilden Tieren im Walde zerrissen worden und Brüderchen als ein Rehkalb von den Jägern totgeschossen. Als sie nun hörte, daß sie so glücklich waren und es ihnen so wohl ging, da wurden Neid und Mißgunst in ihrem Herzen rege und ließen ihr keine Ruhe, und sie hatte keinen andern Gedanken, als wie sie die beiden doch noch ins Unglück bringen könnte. Ihre rechte Tochter, die häßlich war wie die Nacht und

nur ein Auge hatte, die machte ihr Vorwürfe und sprach: »Eine Königin zu werden, das Glück hätte mir gebührt.« – »Sei nur still«, sagte die Alte und sprach sie zufrieden, »wenn's Zeit ist, will ich schon bei der Hand sein.« Als nun die Zeit herangerückt war und die Königin ein schönes Knäblein zur Welt gebracht hatte und der König gerade auf der Jagd war, nahm die alte Hexe die Gestalt der Kammerfrau an, trat in die Stube, wo die Königin lag, und sprach zu der Kranken. »Kommt, das Bad ist fertig, das wird Euch wohltun und frische Kräfte geben; geschwind, eh es kalt wird.« Ihre Tochter war auch bei der Hand, sie trugen die schwache Königin in die Badstube und legten sie in die Wanne; dann schlossen sie die Tür ab und liefen davon. In der Badstube aber hatten sie ein rechtes Höllenfeuer angemacht, daß die schöne junge Königin bald ersticken mußte.

Als das vollbracht war, nahm die Alte ihre Tochter, setzte ihr eine Haube auf und legte sie ins Bett an der Königin Stelle. Sie gab ihr auch die Gestalt und das Ansehen der Königin, nur das verlorene Auge konnte sie ihr nicht wiedergeben. Damit es aber der König nicht merkte, mußte sie sich auf die Seite legen, wo sie kein Auge hatte. Am Abend, als

er heimkam und hörte, daß ihm ein Söhnlein geboren war, freute er sich herzlich und wollte ans Bett seiner lieben Frau gehen und sehen, was sie machte. Da rief die Alte geschwind: »Beileibe, laßt die Vorhänge zu, die Königin darf noch nicht ins Licht sehen und muß Ruhe haben.« Der König ging zurück und wußte nicht, daß eine falsche Königin im Bette lag.

Als es aber Mitternacht war und alles schlief, da sah die Kinderfrau, die in der Kinderstube neben der Wiege saß und allein noch wachte, wie die Türe aufging und die rechte Königin hereintrat. Sie nahm das Kind aus der Wiege, legte es in ihren Arm und gab ihm zu trinken. Dann schüttelte sie ihm sein Kißchen, legte es wieder hinein und deckte es mit dem Deckbettchen zu. Sie vergaß aber auch das Rehchen nicht, ging in die Ecke, wo es lag, und streichelte ihm über den Rücken. Darauf ging sie ganz stillschweigend wieder zur Türe hinaus, und die Kinderfrau fragte am anderen Morgen die Wächter, ob jemand während der Nacht ins Schloß gegangen wäre, aber sie antworteten: »Nein, wir haben niemand gesehen.« So kam sie viele Nächte und sprach niemals ein Wort dabei; die Kinderfrau sah sie immer, aber sie getraute sich nicht, jemand etwas davon zu sagen.

Als nun so eine Zeit verflossen war, da hub die Königin in der Nacht an zu reden und sprach:

»Was macht mein Kind? Was macht mein Reh?
Nun komm ich noch zweimal und dann nimmermehr.«

Die Kinderfrau antwortete ihr nicht, aber als sie wieder verschwunden war, ging sie zum König und erzählte ihm alles. Sprach der König: »Ach Gott, was ist das! Ich will in der nächsten Nacht bei dem Kinde wachen.« Abends ging er in die Kinderstube, aber um Mitternacht erschien die Königin wieder und sprach:

»Was macht mein Kind? Was macht mein Reh?
Nun komm ich noch einmal und dann nimmermehr.«

Und pflegte dann des Kindes, wie sie gewöhnlich tat, ehe sie verschwand. Der König getraute sich nicht, sie anzureden, aber er wachte auch in der folgenden Nacht. Sie sprach abermals:

»Was macht mein Kind? Was macht mein Reh?
Nun komm ich noch diesmal und dann nimmermehr.«

Da konnte sich der König nicht zurückhalten, sprang zu ihr und sprach: »Du kannst niemand anders sein als meine liebe Frau.« Da antwortete sie »Ja, ich bin deine liebe Frau«, und hatte in dem Augenblick durch Gottes Gnade das Leben wiedererhalten, war frisch, rot und gesund. Darauf erzählte sie dem König den Frevel, den die böse Hexe und ihre Tochter an ihr verübt hatten. Der König ließ beide vor Gericht führen, und es

ward ihnen das Urteil gesprochen. Die Tochter ward in den Wald geführt, wo sie die wilden Tiere zerrissen, die Hexe aber ward ins Feuer gelegt und mußte jammervoll verbrennen. Und wie sie zu Asche verbrannt war, verwandelte sich das Rehkälbchen und erhielt seine menschliche Gestalt wieder; Schwesterchen und Brüderchen aber lebten glücklich zusammen bis an ihr Ende.

Brüder Grimm

MEIN KINDCHEN
IST FEIN

Mein Kindchen ist fein,
könnt feiner nicht sein,
es hat mir versprochen,
sein Herzchen gehör mein.
Blaue Augen im Kopf
und ein Grübchen im Kinn,
o du herzliebes Kindchen,
wie gut ich dir bin!

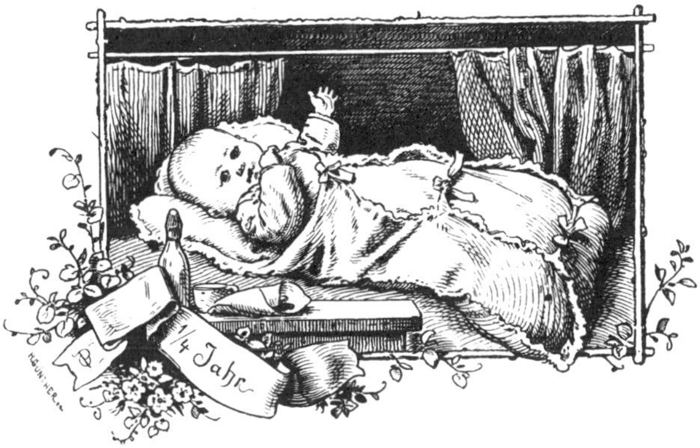

PITSCHE, PATSCHE, PETER!

Pitsche, patsche, Peter!
Hinterm Ofen steht er.
Wichst die Schuh,
wachst die Schuh,
kommt die alte Hex dazu.

DAS IST DER DAUMEN

Das ist der Daumen,
der schüttelt die Pflaumen,
der hebt sie auf,
der trägt sie nach Haus,
und der kleine Schelm ißt alle auf.

GIETSCHE,
GAUTSCHE!

Gietsche, gautsche,
gietsche, gautsche!
Sitzt a Buabele draußa.
Hat Apfela feil,
hat Birnela feil,
gibt dem Jan auch sein Teil.

AUSFAHREN

Ri, ra, rutsch!
Wir fahren in der Kutsch!
Das Pferdchen, das muß traben!
Wer kann es besser haben?
Es wirbelt auf der Staub,
es fliegt empor das Laub,
wo wir vorüber flitzen.
Wir bleiben ruhig sitzen,
behaglich, still und heiter,
und kommen dennoch weiter!
Ri, ra, rutsch!
Wir fahren in der Kutsch!

Heinrich Seidel

Backe, backe Kuchen!
Der Bäcker hat gerufen.
Wer will guten Kuchen backen,
der muß haben sieben Sachen:
Eier und Schmalz,
Butter und Salz,
Milch und Mehl;
Safran macht den Kuchen gehl.

MEINE MUTTER SCHICKT MICH HER

Meine Mutter schickt mich her,
ob der Kaffee fertig wär?
Wenn er noch nicht fertig wär,
sollt er bleiben, wo er wär!

Schrei nur nicht, da steht er ja,
steht schon gar zu lange da,
kommt nur bald, sonst wird er kalt,
sonst wird auch der Kuchen alt!

RINGELREIHE-LIED

Ringel, Ringel, Reihe!
Sind der Kinder dreie,
sitzen auf dem Holderbusch,
schreien alle musch, musch, musch!
Sitzt nieder.

Sitzt 'ne Frau im Ringelein,
mit sieben kleine Kinderlein,
was essen 's gern?
Fischlein.
Was trinken 's gern?
Roten Wein.
Sitzt nieder.

Aus »Des Knaben Wunderhorn«

TANZLIEDCHEN

Tanz, Kindlein, tanz,
deine Schühlein sind noch ganz,
laß dir sie nit gereue,
der Schuster macht dir neue.

Aus »Des Knaben Wunderhorn«

SIE KOMMEN ZUR ZEIT, DREI UHR AUF DEN SCHLAG!

Sie kommen zur Zeit, drei Uhr auf den Schlag!
Guten Tag, mein Fräulein, guten Tag!
Wie befindet sich denn Ihr Lieschen,
seit wir uns nicht trafen?
Hat sie noch den Schnupfen?
Hat sie schlecht geschlafen?
O wie leid mir das tut!
Ein Täßchen Kaffee ist dafür gut.
Es ist gerade die Sorte wie der vorige,
acht Bohnen und ein viertel Pfund Zichorie.

Oscar Pletsch

PUPPENDOKTOR

Lieber Doktor Pillermann,
guck dir bloß mein Püppchen an.
Drei Tage hat es nichts gegessen,
hat immer so stumm dagesessen,
es will nicht einmal Zuckerbrot,
die Arme hängen ihr wie tot.
Ach, lieber Doktor, sag mir ehrlich,
ist diese Krankheit sehr gefährlich?

Madame, Sie ängstigen sich noch krank;
der Puls geht ruhig, Gott sei Dank.
Doch darf sie nicht im Zimmer sitzen,
sie muß zu Bett und tüchtig schwitzen;
drei Kiebitzeier gebt ihr ein,
dann wird es morgen besser sein.
Empfehle mich.

Paula Dehmel

DAS MÄDCHEN

Mutter, Mutter! Meine Puppe
hab ich in den Schlaf gewiegt,
gute Mutter, komm und siehe,
wie so englisch sie da liegt.
Vater wies mich ab und sagte:
Geh, du bist ein dummes Kind;
du nur, Mutter, kannst begreifen,
welches meine Freuden sind.

Wie du mit den kleinen Kindern,
will ich alles mit ihr tun,
und sie soll in ihrer Wiege
neben meinem Bette ruhn.
Schläft sie, werd' ich von ihr träumen,
schreit sie auf, erwach' ich gleich –
meine himmlisch gute Mutter,
o wie bin ich doch so reich!

Adelbert von Chamisso

WIEGENLIED FÜR DIE PUPPEN

Schlaft, Püppchen, schlaft!
Ihr habt dazu Zeit;
dürft nicht lesen und schreiben,
könnt im Bettchen bleiben
morgen so wie heut.

Daß ihr nun recht ruhig schlaft,
sing ich euch vom kleinen Schaf,
sing ich euch vom Watschelgänschen
mit dem Wickelwackelschwänzchen.

SCHLAFE, MEIN PRINZCHEN, SCHLAF EIN!

Schlafe, mein Prinzchen, schlaf ein!
Es ruhn Schäfchen und Vögelein.
Gärten und Wiesen verstummt,
auch nicht ein Bienchen mehr summt.
Mond mit silbernem Schein,
gucket zum Fenster herein.
Schlafe beim silbernen Schein,
schlafe, mein Prinzchen, schlaf ein!
Schlaf ein, schlaf ein, schlaf ein, schlaf ein!

Wer ist beglückter als du?
Nichts als Vergnügen und Ruh!
Spielwerk und Zucker vollauf
und auch Karossen im Lauf.
Alles besorgt und bereit,
daß nur mein Prinzchen nicht schreit.
Was wird da künftig wohl sein?
Schlafe, mein Prinzchen, schlaf ein!
Schlaf ein, schlaf ein, schlaf ein, schlaf ein!

Friedrich Wilhelm Gotter

DER FROSCHKÖNIG ODER DER EISERNE HEINRICH

In den alten Zeiten, wo das Wünschen noch geholfen hat, lebte ein König, dessen Töchter waren alle schön, aber die jüngste war so schön, daß die Sonne selber, die doch so vieles gesehen hat, sich verwunderte, sooft sie ihr ins Gesicht schien. Nahe bei dem Schlosse des Königs lag ein großer dunkler Wald, und in dem Walde unter einer alten Linde war ein Brunnen. Wenn nun der Tag sehr heiß war, so ging das Königskind hinaus in den Wald und setzte sich an den Rand des kühlen Brunnens; und wenn sie Langeweile hatte, so nahm sie eine goldene Kugel, warf sie in die Höhe und fing sie wieder; und das war ihr liebstes Spielwerk.

Nun trug es sich einmal zu, daß die goldene Kugel der Königstochter nicht in ihr Händchen fiel, das sie in die Höhe gehalten hatte, sondern vorbei auf die Erde schlug und geradezu ins Wasser hineinrollte. Die Königstochter folgte ihr mit den Augen nach, aber die Kugel verschwand, und der Brunnen war tief, so tief, daß man keinen Grund sah. Da fing sie an zu weinen und weinte immer lauter und konnte sich gar nicht trösten. Und wie sie so klagte, rief ihr jemand zu: »Was hast du vor, Königstochter, du schreist ja, daß sich ein Stein erbarmen möchte.« Sie sah sich um, woher die Stimme käme, da erblickte sie einen Frosch, der seinen dikken häßlichen Kopf aus dem Wasser streckte. »Ach, du bist's, alter Wasserpatscher«, sagte sie, »ich weine über meine goldene Kugel, die mir in den Brunnen hinabgefallen ist.« – »Sei still und weine nicht«, antwortete der Frosch, »ich kann wohl Rat schaffen, aber was gibst du mir, wenn ich dein Spielwerk wieder heraufhole?« – »Was du haben willst, lieber Frosch«, sagte sie, »meine Kleider, meine Perlen und Edelsteine, auch noch die goldene Krone, die ich trage.« Der Frosch antwortete: »Deine Kleider, deine Perlen und Edelsteine und deine goldene Krone, die mag ich nicht; aber wenn du mich lieb haben willst, und ich soll dein Geselle und Spielkamerad sein, an deinem Tischlein neben dir sitzen, von deinem goldenen Tellerlein essen, aus deinem Becherlein trinken, in dei-

nem Bettlein schlafen: Wenn du mir das versprichst, so will ich hinuntersteigen und dir die goldene Kugel wieder heraufholen.« – »Ach ja«, sagte sie, »ich verspreche dir alles, was du willst, wenn du mir nur die Kugel wiederbringst.« Sie dachte aber: »Was der einfältige Frosch schwätzt, der sitzt im Wasser bei seinesgleichen und quakt und kann keines Menschen Geselle sein.« Der Frosch, als er die Zusage erhalten hatte, tauchte seinen Kopf unter, sank hinab, und über ein Weilchen kam er wieder heraufgerudert, hatte die Kugel im Maul und warf sie ins Gras. Die Königstochter war voll Freude, als sie ihr schönes Spielwerk wieder erblickte, hob es auf und sprang damit fort. »Warte, warte«, rief der Frosch, »nimm mich mit, ich kann nicht so laufen wie du.« Aber was half ihm, daß er ihr sein Quak Quak so laut nachschrie, als er konnte! Sie hörte nicht darauf, eilte nach Haus und hatte bald den armen Frosch vergessen, der wieder in seinen Brunnen hinabsteigen mußte.

Am andern Tage, als sie mit dem König und allen Hofleuten sich zur Tafel gesetzt hatte und von ihrem goldenen Tellerlein aß, da kam, plitsch platsch, plitsch platsch, etwas die Marmortreppe heraufgekrochen, und als es oben angelangt war, klopfte es an die Tür und rief: »Königstochter, jüngste, mach mir auf.« Sie lief und wollte sehen, wer draußen wäre, als sie aber aufmachte, so saß der Frosch davor. Da warf sie die Tür hastig zu, setzte sich wieder an den Tisch, und war ihr ganz angst. Der König sah wohl, daß ihr das Herz gewaltig klopfte, und sprach: »Mein Kind, was fürchtest du dich, steht etwa ein Riese vor der Tür und will dich holen?« »Ach nein«, antwortete sie, »es ist kein Riese, sondern ein garstiger

Frosch.« – »Was will der Frosch von dir?« – »Ach lieber Vater, als ich gestern im Wald bei dem Brunnen saß und spielte, da fiel meine goldene Kugel ins Wasser. Und weil ich so weinte, hat sie der Frosch wieder heraufgeholt, und weil er es durchaus verlangte, so versprach ich ihm, er sollte mein Geselle werden, ich dachte aber nimmermehr, daß er aus seinem Wasser heraus könnte. Nun ist er draußen und will zu mir herein.« Indem klopfte es zum zweitenmal und rief:

»Königstochter, jüngste,
mach mir auf,
weißt du nicht, was gestern
du zu mir gesagt
bei dem kühlen Brunnenwasser?
Königstochter, jüngste,
mach mir auf.«

Da sagte der König: »Was du versprochen hast, das mußt du auch halten; geh nur und mach ihm auf.« Sie ging und öffnete die Türe, da hüpfte der Frosch herein, ihr immer auf dem Fuße nach, bis zu ihrem Stuhl. Da saß er und rief: »Heb mich herauf zu dir.« Sie zauderte, bis es endlich der König befahl. Als der Frosch erst auf dem Stuhl war, wollte er auf den Tisch, und als er da saß, sprach er: »Nun schieb mir dein goldenes Tellerlein näher, damit wir zusammen essen.« Das tat sie zwar, aber man sah wohl, daß sie's nicht gerne tat. Der Frosch ließ sich's gut schmecken, aber ihr blieb fast jedes Bißlein im Halse. Endlich sprach er: »Ich habe mich satt gegessen und bin müde, nun trag mich in dein Kämmerlein und mach dein seiden Bettlein zurecht, da wollen wir uns schlafen legen.« Die Königstochter fing an zu weinen und fürchtete sich vor dem kalten Frosch, den sie sich nicht anzurühren getraute und der nun in ihrem schönen reinen Bettlein schlafen sollte. Der König aber ward zornig und sprach: »Wer dir geholfen hat, als du in der Not warst, den sollst du hernach nicht verachten.« Da packte sie ihn mit zwei Fingern, trug ihn hinauf und setzte ihn in eine Ecke. Als sie aber im Bette lag, kam er gekrochen und sprach: »Ich bin müde, ich will schlafen so gut wie du; heb mich herauf, oder ich sag's deinem Vater.« Da ward sie erst bitterböse, holte ihn herauf und warf ihn aus allen Kräften wider die Wand: »Nun wirst du Ruhe haben, du garstiger Frosch.«

Als er aber herabfiel, war er kein Frosch, sondern ein Königssohn mit schönen freundlichen Augen. Der war nun nach ihres Vaters Willen ihr lieber Geselle und Gemahl. Da erzählte er ihr, er wäre von einer bösen Hexe verwünscht worden, und niemand hätte ihn aus dem Brunnen erlösen können als sie allein, und morgen wollten sie zusammen in sein Reich gehen. Dann schliefen sie ein, und am andern Morgen, als die Sonne sie aufweckte, kam ein Wagen herangefahren mit acht weißen Pferden bespannt, die hatten weiße Straußfedern auf dem Kopf und gingen in goldenen Ketten, und hinten stand der Diener des jungen Königs, das war der treue Heinrich. Der treue Heinrich hatte sich so betrübt, als sein Herr war in einen Frosch verwandelt worden, daß er drei eiserne Bande hatte um sein Herz legen lassen, damit es ihm nicht vor Weh und Traurigkeit zerspränge. Der Wagen aber sollte den jungen König in sein Reich abholen; der treue Heinrich hob beide hinein, stellte sich wieder hinten auf und war voller Freude über die Erlösung. Und als sie ein Stück Wegs gefahren waren, hörte der Königssohn, daß es hinter ihm krachte, als wäre etwas zerbrochen. Da drehte er sich um und rief:

»Heinrich, der Wagen bricht.«
»Nein, Herr, der Wagen nicht,
es ist ein Band von meinem Herzen,
das da lag in großen Schmerzen,
als Ihr in dem Brunnen saßt,
als Ihr eine Fretsche (Frosch) wast (wart).«

Noch einmal und noch einmal krachte es auf dem Weg, und der Königssohn meinte immer, der Wagen bräche, und es waren doch nur die Bande, die vom Herzen des treuen Heinrich absprangen, weil sein Herr erlöst und glücklich war.

Brüder Grimm

DER SCHUTZENGEL

Jedwedem Kindlein klein und schwach
im Schloß und in der Hütte
folgt leis ein Engel Gottes nach
und leitet's Schritt vor Schritte;
und gibt bei Tage wie bei Nacht
in Liebe auf die Kindlein acht.

DER GETREUE ECKART

O wären wir weiter, o wär ich zu Haus!
Sie kommen. Da kommt schon der nächtliche Graus;
sie sinds, die unholdigen Schwestern.
Sie streifen heran und sie finden uns hier,
sie trinken das mühsam geholte, das Bier,
und lassen nur leer uns die Krüge.

So sprechen die Kinder und drücken sich schnell;
da zeigt sich vor ihnen ein alter Gesell:
Nur stille, Kind! Kinderlein, stille!
Die Hulden, sie kommen von durstiger Jagd,
und laßt ihr sie trinken, wie's jeder behagt,
dann sind sie euch hold, die Unholden.

Gesagt so geschehn! und da naht sich der Graus
und siehet so grau und so schattenhaft aus,
doch schlürft es und schlampft es aufs beste.
Das Bier ist verschwunden, die Krüge sind leer;
nun saust es und braust es, das wütige Heer,
ins weite Getal und Gebirge.

Die Kinderlein ängstlich gen Hause so schnell,
gesellt sich zu ihnen der fromme Gesell:
Ihr Püppchen, nur seid mir nicht traurig. –
Wir kriegen nun Schelten und Streich' bis aufs Blut. –
Nein keineswegs, alles geht herrlich und gut,
nur schweiget und horchet wie Mäuslein.

Und der es euch anrät und der es befiehlt,
er ist es, der gern mit den Kindelein spielt,
der alte Getreue, der Eckart.
Vom Wundermann hat man euch immer erzählt,
nur hat die Bestätigung jedem gefehlt,
die habt ihr nun köstlich in Händen.

Sie kommen nach Hause, sie setzen den Krug
ein jedes den Eltern bescheiden genug
und harren der Schläg und der Schelten.
Doch siehe, man kostet: Ein herrliches Bier!
Man trinkt in die Runde schon dreimal und vier,
und noch nimmt der Krug nicht ein Ende.

Das Wunder, es dauert zum morgenden Tag.
Doch fraget, wer immer zu fragen vermag:
Wie ist's mit den Krügen ergangen?
Die Mäuslein, sie lächeln, im stillen ergetzt;
sie stammeln und stottern und schwatzen zuletzt,
und gleich sind vertrocknet die Krüge.

Und wenn euch, ihr Kinder, mit treuem Gesicht
ein Vater, ein Lehrer, ein Aldermann spricht,
so horchet und folget ihm pünktlich!
Und liegt auch das Zünglein in peinlicher Hut,
verplaudern ist schädlich, verschweigen ist gut;
dann füllt sich das Bier in den Krügen.

Johann Wolfgang von Goethe

ICH GEH MIT MEINER LATERNE

Ich geh mit meiner Laterne
und meine Laterne mit mir.
Dort oben leuchten die Sterne,
hier unten, da leuchten wir.
Mein Licht ist aus,
wir gehn nach Haus.
Labimmel, labammel, labum.
Mein Licht ist aus,
wir gehn nach Haus.
Labimmel, labammel, labum.

Volkslied

DER ENGEL

Jedesmal, wenn ein gutes Kind stirbt, kommt ein Engel Gottes zur Erde hernieder, nimmt das tote Kind auf seine Arme, breitet die großen, weißen Flügel aus und pflückt eine ganze Handvoll Blumen, welche er zu Gott hinaufbringt, damit sie dort noch schöner als auf der Erde blühen. Der liebe Gott drückt alle Blumen an sein Herz, aber der Blume, welche ihm die liebste ist, gibt er einen Kuß, und dann bekommt sie Stimme und kann in der großen Glückseligkeit mitsingen!

Sieh, alles dieses erzählte ein Engel Gottes, indem er ein totes Kind zum Himmel forttrug, und das Kind hörte wie im Traume; sie flogen über die Stätten in der Heimat, wo der Kleine gespielt hatte, und kamen durch Gärten mit herrlichen Blumen.

»Welche wollen wir nun mitnehmen und in dem Himmel pflanzen?« fragte der Engel.

Da stand ein schlanker, herrlicher Rosenstock, aber eine böse Hand hatte den Stamm abgebrochen, so daß alle Zweige, voll von großen, halbaufgebrochenen Knospen, rundherum vertrocknet hingen.

»Der arme Rosenstock!« sagte das Kind. »Nimm ihn, damit er oben bei Gott zum Blühen kommen kann!«

Und der Engel nahm ihn, küßte das Kind dafür, und der Kleine öffnete seine Augen zur Hälfte. Sie pflückten von den reichen Prachtblumen, nahmen aber auch die verachtete Butterblume und das wilde Stiefmütterchen.

»Nun haben wir Blumen!« sagte das Kind, und der Engel nickte, aber er flog noch nicht zu Gott empor. Es war Nacht und ganz still; sie blieben in der großen Stadt und schwebten in einer der schmalen Gassen umher, wo Haufen Stroh und Asche lagen; es war Umzug gewesen. Da lagen Scherben von Tellern, Gipsstücke, Lumpen und alte Hutköpfe, was alles nicht gut aussah.

Der Engel zeigte in allen diesen Wirrwarr hinunter auf einige Scherben eines Blumentopfes und auf einen Klumpen Erde, der da herausgefallen war und von den Wurzeln einer großen, vertrockneten Feldblume, welche nichts taugte und die man deshalb auf die Gasse geworfen hatte, zusammengehalten wurde.

»Diese nehmen wir mit!« sagte der Engel. »Ich werde dir erzählen, während wir fliegen!«

Sie flogen, und der Engel erzählte:

»Dort unten in der schmalen Gasse, in dem niedrigen Keller, wohnte ein armer, kranker Knabe. Von seiner Geburt an war er immer bettlägerig gewesen; wenn es ihm am besten ging, konnte er auf Krücken die

kleine Stube ein paarmal auf und nieder gehen, das war alles. An einigen Tagen im Sommer fielen die Sonnenstrahlen während einer halben Stunde bis in den Keller hinab, und wenn der Knabe dasaß und sich von der warmen Sonne bescheinen ließ und das rote Blut durch seine feinen Finger sah, dic cr vor das Gesicht hielt, dann hieß es: ›Heute ist er aus gewesen!‹ Er kannte den Wald in seinem herrlichen Frühjahrsgrün nur dadurch, daß ihm des Nachbars Sohn den ersten Buchenzweig brachte, den hielt er über seinem Haupte und träumte dann, unter Buchen zu sein, wo die Sonne scheint und die Vögel singen. An einem Frühlingstage brachte ihm des Nachbars Knabe auch Feldblumen, und unter diesen war zufällig eine mit der Wurzel, deshalb wurde sie in einen Blumentopf gepflanzt und am Bette neben das Fenster gestellt. Die Blume war mit einer glücklichen Hand gepflanzt, sie wuchs, trieb neue Zweige und trug jedes Jahr ihre Blumen; sie wurde des kranken Knaben herrlichster Blumengarten, sein kleiner Schatz hier auf Erden; er begoß und pflegte sie und sorgte dafür, daß sie jeden Sonnenstrahl, bis zum letzten, welcher durch das niedrige Fenster hinunterglitt, erhielt; die Blume selbst verwuchs mit seinen Tränen, denn für ihn blühte sie, verbreitete sie ihren Duft und erfreute das Auge; gegen sie wendete er sich im Tode, da der Herr ihn rief. Ein Jahr ist er nun bei Gott gewesen, ein Jahr hat die Blume vergessen im Fenster gestanden und ist verdorrt und wurde deshalb beim Umziehen im Kehricht hinaus auf die Straße geworfen. Und dies ist die Blume, die arme vertrocknete Blume, welche wir mit in unsern Blumenstrauß genommen haben, denn diese Blume hat mehr erfreut als die reichste Blume im Garten einer Königin!«

»Aber woher weißt du das alles?« fragte das Kind, welches der Engel gen Himmel trug.

»Ich weiß es«, sagte der Engel, »denn ich war selbst der kleine kranke Knabe, welcher auf Krücken ging; meine Blume kenne ich wohl!«

Das Kind öffnete seine Augen ganz und sah in des Engels herrliches, frohes Antlitz hinein, und im selben Augenblick befanden sie sich in Gottes Himmel, wo Freude und Glückseligkeit war. Gott drückte das tote Kind an sein Herz, und da bekam es Schwingen wie der andere Engel und flog Hand in Hand mit ihm. Gott drückte alle Blumen an sein Herz, aber die arme verdorrte Feldblume küßte er, und sie erhielt Stimme und sang mit allen Engeln, welche Gott umschwebten, einige ganz nahe, andere um diese herum in großen Kreisen und immer weiter fort, in das Unendliche, aber alle gleich glücklich. Und alle sangen sie, klein und groß, samt dem guten, gesegneten Kinde und der armen Feldblume, welche verdorrt dagelegen, hingeworfen in den Kehricht des Umziehtages, in der schmalen, dunkeln Gasse.

Hans Christian Andersen

WIE OFT GOTT ZU DANKEN SEI

Wieviel Sand in dem Meer,
wieviel Sterne oben her,
wieviel Tiere in der Welt,
wieviel Heller unterm Geld,
in den Adern wieviel Blut,
in dem Feuer wieviel Glut,
wieviel Blätter in den Wäldern,
wieviel Gräslein in den Feldern,
in den Hecken wieviel Dörner,
auf dem Acker wieviel Körner,
auf den Wiesen wieviel Klee,
wieviel Stäublein in der Höh,
in den Flüssen wieviel Fischlein,
in dem Meere wieviel Müschlein,
wieviel Tropfen in der See,
wieviel Flocken in dem Schnee,
so viel Lebendig weit und breit,
so oft und viel sei Gott Dank in Ewigkeit.
Amen.

Aus »Des Knaben Wunderhorn«

WEISST DU, WIEVIEL STERNLEIN STEHEN?

Weißt du, wieviel Sternlein stehen
an dem blauen Himmelszelt?
Weißt du, wieviel Wolken gehen
weithin über alle Welt?
Gott der Herr hat sie gezählet,
daß ihm auch nicht eines fehlet
an der ganzen großen Zahl,
an der ganzen großen Zahl.

Weißt du, wieviel Mücklein spielen
in der heißen Sonnenglut,
wieviel Fischlein auch sich kühlen
in der hellen Wasserflut?
Gott der Herr rief sie mit Namen,
daß sie all ins Leben kamen,
daß sie nun so fröhlich sind,
daß sie nun so fröhlich sind.

Weißt du wieviel Kinder frühe,
stehn aus ihren Bettlein auf,
daß sie ohne Sorg und Mühe
fröhlich sind im Tageslauf?
Gott im Himmel hat an allen
seine Lust, sein Wohlgefallen,
kennt auch dich und hat dich lieb,
kennt auch dich und hat dich lieb.

Wilhelm Hey

SCHLAF, KINDLEIN, SCHLAF

Schlaf, Kindlein, schlaf,
der Vater hüt die Schaf,
die Mutter schüttelts Bäumelein,
da fällt herab ein Träumelein.
Schlaf, Kindlein, schlaf!

Schlaf, Kindlein, schlaf,
am Himmel ziehn die Schaf,
die Sternlein sind die Lämmerlein,
der Mond, der ist das Schäferlein,
schlaf, Kindlein, schlaf!

Schlaf, Kindlein, schlaf,
Christkindlein hat ein Schaf,
ist selbst das liebe Gotteslamm,
das um uns all zu Tode kam,
schlaf, Kindlein, schlaf.

Schlaf, Kindlein, schlaf,
so schenk ich dir ein Schaf
mit einer goldnen Schelle fein,
das soll dein Spielgeselle sein,
schlaf, Kindlein, schlaf!

Schlaf, Kindlein, schlaf,
und blök nicht wie ein Schaf,
sonst kömmt des Schäfers Hündelein
und beißt mein böses Kindelein,
schlaf, Kindlein, schlaf.

Schlaf, Kindlein, schlaf,
geh fort und hüt die Schaf,
geh fort, du schwarzes Hündelein,
und weck mir nicht mein Kindelein,
schlaf, Kindlein, schlaf.

Aus »Des Knaben Wunderhorn«

WIEGENLIED

Guten Abend, gut Nacht,
mit Rosen bedacht,
mit Näglein besteckt,
schlupf unter die Deck.
Morgen früh, wenn Gott will,
wirst du wieder geweckt,
morgen früh, wenn Gott will,
wirst du wieder geweckt.

Guten Abend, gut Nacht,
von Englein bewacht,
die zeigen im Traum
dir Christkindleins Baum.
Schlaf nun selig und süß,
schau im Traum 's Paradies!
Schlaf nun selig und süß,
schau im Traum 's Paradies!

Volkslied

DER KLEINE TUK

Ja, das war der kleine Tuk; er hieß eigentlich nicht Tuk, aber zu der Zeit, als er noch nicht richtig sprechen konnte, da nannte er sich selbst Tuk; das soll Karl bedeuten, und es ist gut, wenn man das weiß; er sollte auf seine Schwester Marie achtgeben, die noch viel kleiner als er war, und dann sollte er auch seine Aufgabe lernen, aber beides wollte nicht auf einmal gehen. Der Knabe saß mit seiner kleinen Schwester auf dem Schoß und sang alle die Lieder, die er wußte, und inzwischen schielten die Augen nach dem Geographiebuche, welches offen vor ihm lag; er sollte bis morgen alle Städte von Seeland mit ihren Merkwürdigkeiten hersagen können.

Nun kam seine Mutter nach Hause und nahm die kleine Marie; Tuk lief ans Fenster und las, daß er sich fast die Augen ausgelesen hätte, denn es wurde schon dunkel, aber die Mutter hatte nicht die Mittel, Licht zu kaufen.

»Da geht die alte Waschfrau drüben aus der Gasse!« sagte die Mutter, indem sie aus dem Fenster blickte. »Sie kann sich kaum selbst schleppen, und doch muß sie den Eimer vom Brunnen tragen; spring hinaus, kleiner Tuk, sei ein guter Junge und hilf der alten Frau!«

Tuk sprang sogleich hin und half; da er aber wieder zurückkam, war es ganz finster geworden, und von Licht war keine Rede. Nun sollte er ins Bett, das war eine alte Schlafbank; in dieser lag er und dachte an seine Geographieaufgabe und an alles, was der Lehrer erzählt hatte. Es hätte freilich gelesen werden müssen, aber das konnte er nun doch nicht. Das Geographiebuch steckte er unter das Kopfkissen, denn er hatte gehört, daß das bedeutend helfe, um seine Aufgabe zu behalten; aber darauf kann man sich nicht verlassen.

Da lag er nun und dachte, und da war es auf einmal, als wenn ihn jemand auf Augen und Mund küßte; er schlief und schlief doch auch nicht, es war gerade, als ob die alte Waschfrau ihn mit ihren sanften Augen anblickte und zu ihm sagte: »Es würde eine große Schande sein, wenn du deine Aufgabe nicht gelernt hättest! Du hast mir geholfen, jetzt werde ich dir helfen, und der liebe Gott wird es immer tun.«

Und mit einem Male kribbelte und krabbelte das Buch unter dem Kopf des kleinen Tuk.

»Kikeriki! put put!« Das war eine Henne, und die kam aus Kjöge. »Ich bin eins von den Hühnern aus Kjöge!« Und dann sagte sie, wie viele Einwohner dort seien, und sprach von der Schlacht, die dort geliefert worden sei, und die war gar nicht der Rede wert.

»Kribbel, krabbel, bums!« Da fiel einer; das war ein hölzerner Vogel, der jetzt ankam; es war der Papagei vom Vogelschießen in Prästo. Der sagte, daß dort ebensoviel Einwohner seien, als er Nägel im Leibe habe; und er war recht stolz: »Thorwaldsen hat bei mir an der Ecke gewohnt. Bums! Ich liege herrlich!«

Aber der kleine Tuk lachte nicht, er war auf einmal zu Pferde. Im Galopp, im Galopp ging es. Ein prächtig gekleideter Ritter mit glänzendem Helm und wallendem Federbusch hatte ihn vor sich auf dem Pferde, und sie ritten durch den Wald nach der alten Stadt Vordingborg, und dieses war eine große lebhafte Stadt; hohe Türme prangten auf der Königsburg, und die Lichter leuchteten weit durch die Fenster hinaus; drinnen war Gesang und Tanz! König Waldemar und geputzte junge Hoffräulein tanzten miteinander.

Es wurde Morgen, und sowie die Sonne erschien, sank die Stadt und das Schloß des Königs zusammen, ein Turm nach dem andern, zuletzt stand nur noch ein einziger auf dem Hügel, wo das Schloß gestanden hatte, und die Stadt war klein und arm, und die Schulknaben kamen mit ihren Büchern unter dem Arm und sagten: »Zweitausend Einwohner«, aber das war nicht wahr, so viel waren da nicht.

Und der kleine Tuk lag in seinem Bette, es war ihm, als ob er träumte und doch wieder nicht träumte; aber es war jemand dicht neben ihm.

»Kleiner Tuk, kleiner Tuk!« sprach es; das war ein Seemann, eine ganz kleine Figur, als wenn es ein Kadett wäre. »Ich soll vielmals grüßen von Corsör. Das ist eine Stadt, welche im Aufblühen ist; es ist eine lebhafte Stadt, sie hat Dampfschiffe und Postwagen; früher wurde sie immer häßlich genannt, aber das war eine veraltete Ansicht.« – »Ich liege am Meer«, sagte Corsör; »ich besitze Landstraßen und Lusthaine, und ich habe einen Dichter geboren, der belustigend war, und das sind sie nicht alle. Ich habe ein Schiff zur Fahrt rings um die Erde aussenden wollen, ich tat es nicht, hätte es aber tun können, und dann dufte ich herrlich, dicht am Tore blühen die schönsten Rosen!«

Der kleine Tuk sah dieselben, es wurde ihm rot und grün vor den Augen, als aber Ruhe in das Farbenspiel kam, da war es ein großer, waldbewachsener Abhang dicht bei dem klaren Meerbusen; und hoch oben lag eine prächtige, alte Kirche mit zwei hohen, spitzen Kirchtürmen. Aus dem Abhange sprangen die Quellen in dicken Wasserstrahlen hervor, so daß es plätscherte, und dicht daneben stand ein alter König mit einer goldenen Krone auf seinem langen Haar, das war der König Hroar bei den Quellen, bei der Stadt Roeskilde (Roesquelle), wie man sie jetzt nennt. Und über den Abhang hin gingen alle Könige und Königinnen Dänemarks Hand in Hand, alle mit den goldenen Kronen auf dem Kopfe, in die alte Kirche, und die Orgel spielte und die Quellen rieselten. Der kleine Tuk sah alles, hörte alles. »Vergiß die Stände nicht!« sagte der König Hroar.

Auf einmal war alles wieder fort; ja, wo war es geblieben? Es war gerade, als ob man ein Blatt in einem Buche umschlägt. Und nun stand eine alte Frau da, es war eine Jäterin, sie kam von Sorö, wo Gras auf dem Markte wächst. Sie hatte ihre graue Leinwandschürze über den Kopf und den Rücken hinabhängen; diese war naß, es mußte geregnet haben. »Ja, geregnet hat es!« sagte sie, und dann erzählte sie manches Belustigende aus Holbergs Komödien und wußte von Waldemar und Absalon; aber auf einmal schrumpfte sie zusammen und wackelte mit dem Kopf; es war gerade, als ob sie springen wollte. »Koax!« sagte sie, »es ist naß, es ist Totenstille in Sorö!« Sie war auf einmal ein Frosch, »Koax!«, und dann war sie wieder die alte Frau.

»Man muß sich nach der Witterung kleiden!« sagte sie. »Es ist naß, es ist naß! Meine Stadt ist gerade wie eine Flasche; beim Pfropfen muß man hinein, und da muß man auch wieder hinaus! Ich habe früher Fische gehabt, und jetzt habe ich frische, rotwangige Knaben auf dem Boden der Flasche; da lernen sie Weisheit: Griechisch! Griechisch! Koax!« Das klang gerade, als ob die Frösche quakten oder als ob man mit großen Stiefeln im Moorwasser geht. Es war immer derselbe Laut, so einförmig, so langweilig, so ermüdend, daß der kleine Tuk fest einschlief, und das tat ihm wohl.

Aber auch in diesem Schlaf kam ein Traum, oder was es sonst war; seine kleine Schwester Marie mit den blauen Augen und den gelben, gelockten Haaren war auf einmal ein erwachsenes schönes Mädchen, und ohne Flügel zu haben, konnte sie fliegen, und sie flogen über Seeland, über die grünen Wälder und die blauen Gewässer dahin.

»Hörst du die Hühner krähen, kleiner Tuk? Kikeriki! Die Hühner fliegen aus der Stadt Kjöge auf! Du bekommst einen Hühnerhof, du wirst weder Hunger noch Not leiden! Den Vogel wirst du abschießen, wie man sagt, du wirst ein reicher und glücklicher Mann werden! Dein Haus wird stolz prangen wie der Turm Waldemars, und reich wird es gebaut werden mit Statuen von Marmor, gleich denen von Prästo, du verstehst mich wohl! Dein Name wird mit Ruhm weit durch die Welt fliegen, wie das Schiff, welches von Corsör hätte ausgehen sollen, und in der Stadt Roeskilde – ›gedenke der Stände!‹ sagte der König Hroar –, da wirst du gut und klug sprechen, kleiner Tuk, und wenn du dann einst in dein Grab kommst, dann sollst du so ruhig schlummern –.«

»Als ob ich in Sorö läge!« sagte Tuk, und dann erwachte er; es war heller Morgen, er konnte sich nicht des mindesten von seinem Traum erinnern, aber das sollte er auch nicht, denn man darf nicht wissen, was geschehen wird.

Er sprang aus dem Bette und las in seinem Buch, und da wußte er seine Aufgabe sogleich. Die alte Waschfrau steckte den Kopf zur Tür herein und sagte:

»Schönen Dank für deine Hilfe gestern, du liebes Kind! Der liebe Gott lasse deinen besten Traum in Erfüllung gehen!«

Der kleine Tuk wußte gar nicht, was er geträumt hatte, aber der liebe Gott wußte es.

Hans Christian Andersen

DER SANDMANN

Zwei feine Stieflein hab ich an
mit wunderweichen Söhlchen dran;
ein Säcklein hab ich hinten auf,
husch – trippl ich rasch die Trepp hinauf.
Und wenn ich in die Stube tret,
die Kinder beten das Abendgebet.

Von meinem Sand zwei Körnelein
streu ich auf ihre Äugelein,
da schlafen sie die ganze Nacht
in Gottes und der Englein Wacht.

Von meinem Sand zwei Körnelein
streut ich auf ihre Äugelein:
Den frommen Kindern soll gar schön
ein froher Traum vorübergehn.

Nun risch und rasch mit Sack und Stab
nur wieder jetzt die Trepp hinab!
Ich kann nicht länger müßig stehn,
muß heut noch zu gar vielen gehn –
da nicken sie schon und lachen im Traum,
und öffnete doch mein Säcklein kaum.

Hermann Kletke

DIE BLÜMELEIN, SIE SCHLAFEN

Die Blümelein, sie schlafen
schon längst im Mondenschein,
sie nicken mit den Köpfchen
auf ihren Stengelein.
Es rüttelt sich der Blütenbaum,
er säuselt wie im Traum:
Schlafe, schlafe, schlaf ein,
mein Kindelein.

Die Vögelein, sie sangen
so süß im Sonnenschein,
sie sind zur Ruh gegangen
in ihre Nestchen klein.
Das Heimchen in dem Ährengrund,
es tut allein sich kund:
Schlafe, schlafe, schlaf ein,
mein Kindelein.

Sandmännchen kommt geschlichen
und guckt durchs Fensterlein,
ob irgendwo ein Liebchen
nicht mag zu Bette sein,
und wo er noch ein Kindchen fand,
streut er ins Aug ihm Sand:
Schlafe, schlafe, schlaf ein,
mein Kindelein.

Sandmännchen aus dem Zimmer,
es schläft mein Herzchen fein,
es ist gar fest verschlossen
schon sein Guckäugelein;
es leuchtet morgen mir Willkomm
das Äugelein so fromm!
Schlafe, schlafe, schlaf ein,
mein Kindelein.

Anton Wilhelm von Zuccalmaglio

GOLDTÖCHTERCHEN

Vor dem Tor, gleich an der Wiese, stand ein Haus, darin wohnten zwei Leute, die hatten nur ein einziges Kind, ein ganz kleines Mädchen. Das nannten sie Goldtöchterchen. Es war ein liebes, kregles kleines Ding, flink wie ein Wiesel. Eines Morgens geht die Mutter in die Küche, Milch zu holen; da steigt das Ding aus dem Bett und stellt sich im Hemdchen in die Haustüre.

Nun war ein wunderherrlicher Sommermorgen, und wie es so in der Haustüre steht, denkt es: »Vielleicht regnet's morgen; da ist's besser, du gehst heute spazieren.« Wie's so denkt, geht's auch schon; läuft hinters Haus auf die Wiese und von der Wiese bis an den Busch. Wie's an den Busch kommt, wackeln die Haselbüsche ganz ernsthaft mit den Zweigen und rufen:

»Nacktfrosch im Hemde,
was willst du in der Fremde?
Hast kein' Schuh und hast kein' Hos',
hast ein einzig Strümpfel bloß;
wirst du noch den Strumpf verliern,
mußt du dir ein Bein erfriern.
Geh nur wieder heime;
mach dich auf die Beine!«

Aber es hört nicht, sondern läuft in den Busch, und wie es durch den Busch ist, kommt es an den Teich. Da steht die Ente am Ufer mit einer vollen Mandel Junger, alle goldgelb wie die Eidotter, und fängt entsetzlich an zu schnattern; dann läuft sie Goldtöchterchen entgegen, sperrt den Schnabel weit auf und tut, als wenn sie es fressen wollte. Aber Goldtöchterchen fürchtet sich nicht, geht gerade darauf los und sagt:

»Ente, du Schnatterlieschen,
halt doch den Schnabel und schweig ein bißchen!«

»Ach«, sagt die Ente, »du bist's, Goldtöchterchen! Ich hatte dich gar nicht erkannt; nimm's nur nicht übel! Nein, du tust uns nichts. Wie geht es dir denn? Wie geht es denn deinem Herrn Vater und deiner Frau Mutter? Das ist ja recht schön, daß du uns einmal besuchst. Das ist ja eine große Ehre für uns. Da bist du wohl recht früh aufgestanden? Also, du willst dir wohl auch einmal unsern Teich besehen? Eine recht schöne Gegend! Nicht wahr?«

Wie sie ausgeschnattert hat, fragt Goldtöchterchen: »Sag einmal, Ente, wo hast du denn die vielen kleinen Kanarienvögel her?«

»Kanarienvögel?« wiederholt die Ente, »ich bitte dich, es sind ja bloß meine Jungen.«

»Aber sie singen ja so fein und haben keine Federn, sondern bloß Haare! Was bekommen denn deine kleinen Kanarienvögel zu essen?«

»Die trinken klares Wasser und essen feinen Sand.«

»Davon können sie ja aber unmöglich wachsen.«

»Doch, doch«, sagt die Ente; »der liebe Gott segnet's ihnen; und dann ist auch zuweilen im Sand ein Würzelchen und im Wasser ein Wurm oder eine Schnecke.«

»Habt ihr denn keine Brücke?« fragt dann weiter Goldtöchterchen.

»Nein«, sagt die Ente, »eine Brücke haben wir nun allerdings leider nicht. Wenn du aber über den Teich willst, will ich dich gern hinüberfahren.«

Darauf geht die Ente ins Wasser, bricht ein großes Wasserrosenblatt ab, setzt Goldtöchterchen darauf, nimmt den langen Stengel in den Schnabel und fährt Goldtöchterchen hinüber. Und die kleinen Entchen schwimmen munter nebenher.

»Schönen Dank, Ente!« sagt Goldtöchterchen, als es drüben angekommen ist.

»Keine Ursache«, sagt die Ente. »Wenn du mich mal wieder brauchst, steh ich gern zu Diensten. Empfiehl mich deinen Eltern. Schön adjeu!«

Auf der anderen Seite des Teiches ist wieder eine große grüne Wiese, auf der geht Goldtöchterchen weiter spazieren. Nicht lange, so sieht es einen Storch, auf den läuft's gerade zu:

»Guten Morgen, Storch«, sagt's, »was ißt du denn, was so grünscheckig aussieht und dabei quakt?«

»Zappelsalat«, antwortet der Storch, »Zappelsalat, Goldtöchterchen!«

»Gib mir auch was, ich bin hungrig!«

»Zappelsalat ist nichts für dich«, sagt der Storch, geht an den Bach, taucht mit seinem langen Schnabel tief unter und holt erst einen goldnen Becher mit Milch und dann eine Wecke heraus. Darauf hebt er den einen Flügel und läßt eine Zuckertüte herunterfallen. Goldtöchterchen läßt sich's nicht zweimal sagen, sondern setzt sich hin und ißt und trinkt. Wie's satt ist, sagt's:

»Ein'n schönen Dank,
und gute Gesundheit dein Leben lang!«

Darauf läuft's weiter. Nicht lange, so kommt ein kleiner blauer Schmetterling geflogen. »Kleines Blaues«, sagt Goldtöchterchen, »wollen wir uns ein wenig haschen?«

»Ich bin's zufrieden«, antwortet der Schmetterling, »aber du darfst mich nicht angreifen, damit nichts abgeht.«

Nun haschen sie sich lustig auf der Wiese herum, bis es Abend wird. Wie es anfängt zu dämmern, setzt sich Goldtöchterchen hin und denkt, jetzt willst du dich ausruhen; dann gehst du nach Hause. Wie's so sitzt, merkt's, daß die Blumen im Grase auch schon alle müde sind und einschlafen wollen. Das Gänseblümchen nickt ganz schläfrig mit dem Kopfe, richtet sich dann auf, sieht sich mit gläsernen Augen um, und dann nickt's noch einmal. Da steht eine weiße Aster daneben (und das war jedenfalls die Mutter) und sagt:

»Gänseblümchen, mein Engelchen,
fall nicht vom Stengelchen!
Geh zu Bett, mein Kind.«

Und das Gänseblümchen duckt sich hin und schläft ein. Dabei verschiebt sich's das weiße Mützchen, daß ihm die Spitzen gerade übers Gesicht fallen. Darauf schläft die Aster auch ein.

Wie Goldtöchterchen sieht, daß alles schläft, fallen ihm die Augen auch zu. Da liegt es nun auf der Wiese und schläft, und mittlerweile läuft seine Mutter immer noch im ganzen Hause umher und sucht's und weint. Sie geht in alle Kammern und sieht in alle Winkel, unter alle Betten und unter die Treppe. Dann geht sie auf die Wiese bis an den Busch und durch den Busch bis an den Teich. »Über den Teich kann es nicht gekommen sein«, denkt sie und geht wieder zurück und durchsucht noch einmal alle Winkel und Ecken und sieht unter alle Betten und unter die Treppe. Wie sie damit fertig ist, geht sie wieder auf die Wiese und wieder in den Busch und wieder bis an den Teich. Das tut sie den ganzen Tag, und je länger sie es tut, desto mehr weint sie. Der Mann aber läuft unterdes in der ganzen Stadt umher und fragt, ob niemand Goldtöchterchen gesehen hat.

Als es aber ganz dunkel geworden ist, kam einer von den zwölf Engeln, die jeden Abend über die ganze Welt hinwegfliegen müssen, um nachzusehen, ob sich nicht irgendwo ein kleines Kind verlaufen hat, und es wieder zu seiner Mutter zu bringen, auch auf die grüne Wiese. Als er Goldtöchterchen hier liegen und schlafen sah, hob er es behutsam auf, ohne es zu wecken, flog bis über die Stadt und sah nach, in welchem Hause noch Licht war. »Das wird wohl das Haus sein, wo's hingehört«, sagte er, als er das Haus von Goldtöchterchens Eltern sah, und das Licht im Wohnzimmer brannte immer noch. Heimlich sah er zum Fenster hinein: Da saßen Vater und Mutter sich an dem kleinen Tische gegenüber und weinten, und unter dem Tisch hielten sie sich die Hände. Da öffnete er ganz leise die Haustüre, legte das Kind unter die Treppe und flog fort.

Und die Eltern saßen immer noch am Tisch. Da stand die Frau auf, zündete noch ein Licht an und leuchtete noch einmal in alle Winkel und Ecken und unter die Betten.

»Frau«, sagte der Mann traurig, »du hast ja schon so oft vergeblich in alle Winkel und Ecken und unter die Treppe gesehen. Geh zu Bett. Unser Goldtöchterchen wird wohl in den Teich gefallen und ertrunken sein.«

Doch die Frau hörte nicht, sondern ging weiter, und wie sie unter die Treppe leuchtete, lag das Kind da und schlief. Da schrie sie vor Freude so laut auf, daß der Mann eilends die Treppe herabgesprungen kam. Mit dem Kinde auf dem Arm kam sie ihm freudestrahlend entgegen. Es schlief ganz fest, so müde hatte es sich gelaufen.

»Wo war es denn? Wo war es denn?« rief er.

»Unter der Treppe lag's und schlief«, erwiderte die Frau, »und ich habe doch heute schon so oft unter die Treppe gesehen.«

Da schüttelte der Mann mit dem Kopfe und sagte: »Mit rechten Dingen geht's nicht zu, Mutter; wir wollen nur Gott danken, daß wir unser Goldtöchterchen wieder haben!«

Richard Volkmann

WER HAT DIE SCHÖNSTEN SCHÄFCHEN?

Wer hat die schönsten Schäfchen?
Die hat der goldne Mond,
der hinter unsern Bäumen
am Himmel droben wohnt.

Er kommt am späten Abend,
wenn alles schlafen will,
hervor aus seinem Hause
zum Himmel leis und still.

Dann weidet er die Schäfchen
auf seiner blauen Flur;
denn all die weißen Sterne
sind seine Schäfchen nur.

Sie tun sich nichts zuleide,
hat eins das andre gern,
und Schwestern sind und Brüder
da oben Stern an Stern.

Und soll ich dir eins bringen,
so darfst du niemals schrein,
mußt freundlich wie die Schäfchen
und wie der Schäfer sein.

August Heinrich
Hoffmann von Fallersleben

DIE KINDER UND DER MOND

Die Sonne war untergegangen, und es wollte schon dunkel werden, aber die Kinder waren noch nicht alle zu Hause bei ihrer Mutter. Zwei Kinder waren noch auf dem Felde und hatten über dem Spiel vergessen, daß man des Abends, ehe es dunkel wird, nach Hause kommen muß. Als es nun aber immer mehr Nacht wurde, da wurde es ihnen bange, und sie weinten, denn sie wußten den Weg nicht recht zu finden, und er war doch sehr weit. Auf eimal wurde es hell hinter den Bäumen, und sie sahen ein rundes Licht heraufsteigen, das war der Mond. Als er der Kinder gewahr wurde, rief er: Guten Abend, Kinderchen, was macht ihr so spät auf dem Felde? Die Kinder waren anfangs erschrocken, als sie aber sahen, daß der Mond freundlich lächelte, faßten sie ein Herz und sprachen: Ach, wir haben uns verspätet, und nun finden wir den Weg nicht mehr zu unserer Mutter, weil es Nacht ist. Und sie weinten so laut, daß es den guten Mond rührte. Da sprach er zu ihnen: Wenn ihr das Haus wohl kennt, wo eure Mutter wohnt, so will ich euch ein wenig leuchten, daß ihr den Weg findet. Und der Mond leuchtete ihnen so helle, als wenn es wieder Tag geworden wäre, und die Kinder faßten Mut und eilten, so viel sie konnten, und fanden glücklich den Weg. Als sie vor der Haustür standen, sagten sie: Schönen Dank, lieber Mond, daß du uns geleuchtet hast! Er antwortete: Es ist gern geschehen. Aber eilt nun, daß ihr zu eurer Mutter kommt, denn sie hat sich schon viel um euch geängstigt.

Wilhelm Curtman

GUTENACHTLIEDCHEN

Leise, Peterle, leise,
der Mond geht auf die Reise;
er hat sein weißes Pferd gezäumt,
das geht so still, als ob es träumt,
leise, Peterle, leise.

Stille, Peterle, stille,
der Mond hat eine Brille;
ein graues Wölkchen schiebt sich vor,
das sitzt ihm grad auf Nas und Ohr,
stille, Peterle, stille.

Träume, Peterle, träume,
der Mond guckt durch die Bäume;
ich glaube gar, nun bleibt er stehn,
um Peterle im Schlaf zu sehn –
träume, Peterle, träume.

Paula Dehmel

GOTTES LOB

Kein Tierlein ist auf Erden
dir, lieber Gott, zu klein;
du ließest alle werden,
und alle sind sie dein.
Zu dir, zu dir
ruft Mensch und Tier;
der Vogel dir singt,
das Fischlein dir springt;
die Biene dir summt,
der Käfer dir brummt;
auch pfeifet froh das Mäuslein klein:
Herr Gott, du sollst gelobet sein!

Clemens Brentano

NACHTGEBET

Müde bin ich, geh zur Ruh,
schließe beide Äuglein zu;
Vater, laß die Augen dein
über meinem Bette sein!

Hab ich unrecht heut getan,
sieh es, lieber Gott, nicht an!
Deine Gnad und Jesu Blut
macht ja allen Schaden gut.

Alle, die mir sind verwandt,
Gott, laß ruhn in deiner Hand.
Alle Menschen, groß und klein,
sollen dir befohlen sein.

Kranken Herzen sende Ruh,
nasse Augen schließe zu;
laß den Mond am Himmel stehn
und die stille Welt besehn.

Luise Hensel

Gut Nacht, schlaf wohl, lieb's Kindle!
Unterm Ofen schläft das Hündle.
Gut Nacht, schlaf wohl, lieb's Schätzle!
Unterm Ofen schläft das Kätzle.
Das Hündle bellt, das Kätzle schreit,
wenn du sie tust erschrecken.
Gut Nacht, schlaf wohl! Zur rechten Zeit
will ich dich morgen wecken.

ÜBERSCHRIFTEN UND ANFÄNGE DER GEDICHTE UND LIEDER

VERZEICHNIS DER DICHTER